北京体育科学学会学校体育分会审定与推荐

U0745725

13~15岁

儿童青少年
体质健康测试达标
教学与训练指南

王雄 ▸ 主编

人民邮电出版社

北京

图书在版编目（CIP）数据

儿童青少年体质健康测试达标教学与训练指南. 13～
15岁 / 王雄主编. -- 北京：人民邮电出版社，2022.3
ISBN 978-7-115-57758-0

Ⅰ．①儿… Ⅱ．①王… Ⅲ．①青少年－体育锻炼标准
－运动训练－教学法－中国－指南 Ⅳ．①G808.17-62

中国版本图书馆CIP数据核字(2021)第227591号

免责声明

本书内容旨在为大众提供有用的信息。所有材料（包括文本、图形和图像）仅供参考，不能替代医疗诊断、建议、治疗或来自专业人士的意见。所有读者在需要医疗或其他专业协助时，均应向专业的医疗保健机构或医生进行咨询。作者和出版商都已尽可能确保本书技术上的准确性以及合理性，并特别声明，不会承担由于使用本出版物中的材料而遭受的任何损伤所直接或间接产生的与个人或团体相关的一切责任、损失或风险。

内 容 提 要

本书紧紧围绕13～15岁青少年体质健康测试训练时存在的实际问题，提供切实可行、简单易学的解决方案。本书首先概述体质健康测试的意义，解读13～15岁青少年体质健康测试的项目和标准，阐述他们的身心发展特点和训练注意事项；接着针对13～15岁青少年的各项测试（BMI、肺活量、50米跑、坐位体前屈、立定跳远、1分钟仰卧起坐、引体向上、800米跑和1000米跑），系统、详细地介绍测试的意义、影响因素、规则、要点、典型问题与解决建议、注意事项，以及有助于提升测试成绩的推荐练习；最后提供以2周为进阶周期的全学年训练计划，中学教师、青少年体能教练和家长均可参考或直接使用。

◆ 主　　编　王　雄

责任编辑　王若璇

责任印制　马振武

◆ 人民邮电出版社出版发行　　北京市丰台区成寿寺路 11 号

邮编　100164　　电子邮件　315@ptpress.com.cn

网址　https://www.ptpress.com.cn

雅迪云印（天津）科技有限公司印刷

◆ 开本：700×1000　1/16

印张：14.25　　　　　　　　2022 年 3 月第 1 版

字数：393 千字　　　　　　 2022 年 3 月天津第 1 次印刷

定价：78.00 元

读者服务热线：**(010)81055296**　印装质量热线：**(010)81055316**

反盗版热线：**(010)81055315**

广告经营许可证：京东市监广登字 20170147 号

编委会

主编　　王雄

编委　　崔雪原、付子艺、王若璇、李潇爽、赵芮、刘也、朱昌宇、何璘瑄、
徐凌、宋俊辰、王晓斐、索冉、周涛

专家顾问成员

张　冰——清华大学体育与健康科学研究中心主任，教授，博士生导师

闫　琪——国家体育总局体育科学研究所研究员，奥运金牌运动员体能教练

徐建方——国家体育总局体育科学研究所国民体质与科学健身研究中心主任，研
究员

孙　伟——北京教育科学研究院基础教育教学研究中心课外活动教研室主任

高志清——北京市体育科学研究所副所长，研究员，北京市体育科学学会副秘书长

张欣欣——北京市史家小学副校长，北京市骨干教师，国培计划小学体育骨干教
师培训导师

李　波——北京市东城区教育科学研究院体育教研员，北京市骨干教师，北京市东
城区教学指导委员会体育学科主任

冯　娟——国家体育总局训练局青少年俱乐部田径、体能训练专家，高级教练

姜天赐——中国儿童中心教育活动部副部长，儿童体育兴趣培养专家

彭庆文——怀化学院体育与健康学院院长，教授，幼儿体育活动研究专家

黄　波——华南师范大学体育学院副院长，教授，广东省学生体育艺术联合会游泳
分会秘书长

惠若琪——排球奥运冠军，惠基金发起人，元气排球发起人

范忆琳——体操世界冠军，范忆琳体操俱乐部创始人

陈凤林——广州市第一中学体育教师，高级教师（体育），广州市名教师工作室
负责人，广州市荔湾区体教结合篮球项目总教练

韩　军——深圳市华丽小学校长，深圳市督学，中国青少年近视防控"慧眼工程"创始人

王宝华——北京市板厂小学副校长，高级教师（体育）

张　旎——北京市十一中学一级体育教师，艺术体操国家一级运动员

吴永新——北京市培新小学体育教师，全国田径中级教练员

卢钦龙——北京市培新小学科研主任、高级教师（体育）、北京市东城区体育学科带头人

彭永胜——北京市育英学校教师，校游泳队总教练，游泳国家一级裁判

董　琦——北京邮电大学体育部副教授，博士，青少年游泳体能训练专家

孙士家——"家源学苑"创始人，"心源家长学堂"公益性家庭教育在线指导平台发起人

谭廷信——华南师范大学科教体育教研组原组长，"惠运动"数字体育平台发起人，惠考中考体育发起人

吴　东——能量学院儿童体能培训机构创始人、首席技术官

刘　派——优思博儿童体育创始人，儿童教研专家

Ken Vick——美国VSP运动表现机构首席专家，美国青少年Spark课程项目技术顾问

Randy Huntington——美国著名田径教练，现中国国家田径队苏炳添等重点队员主教练

图片说明

动作演示模特　国家体育总局训练局青少年俱乐部成员（拍摄时）：田子锐、朱云、
　　　　　　　　　许斌、李俊玉、姜翔宇

动作指导　国家体育总局训练局体能康复中心体能训练师：沈兆喆、崔雪原

内文图片　人民邮电出版社有限公司版权所有

内文图片制作团队　北京灌木文化发展有限责任公司

封面照片　摄图·新视界授权使用

在线视频访问说明

本书提供了推荐练习的在线视频，可通过微信"扫一扫"，扫描每章第1页或本页的二维码进行观看。

● 步骤1

点击微信聊天界面右上角的"+"，弹出功能菜单（图1）。

● 步骤2

点击弹出的功能菜单上的"扫一扫"，进入该功能界面，扫描每章第1页或右侧的二维码。

● 步骤3

如果您未关注微信公众号"人邮体育"，扫描后会出现"人邮体育"的二维码。请根据说明关注"人邮体育"，并点击"资源详情"（图2），观看视频（图3）。如果您已关注微信公众号"人邮体育"，扫描后可直接观看视频（图3）。

图 1

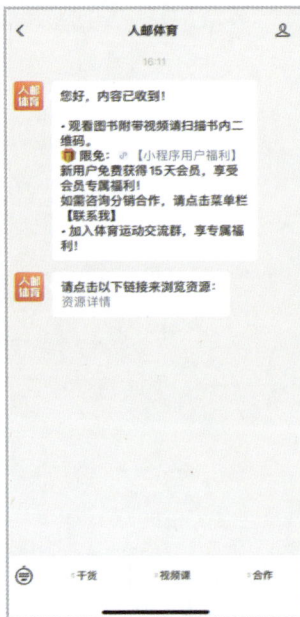

图 2

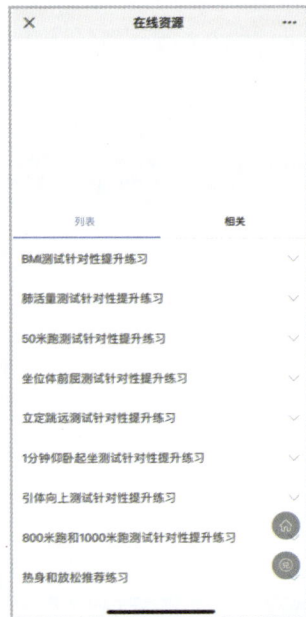

图 3

目录

第**1**章

认识体质健康测试

《学生体质健康标准》于2002年试行，2007年修改和完善后正式更名为《国家学生体质健康标准》，2014年针对存在的突出问题进行了再次修订，形成了现行的《国家学生体质健康标准（2014年修订）》（以下简称《标准》）。《标准》从身体形态、身体机能和身体素质等方面综合评定学生的体质健康水平，已经成为各学校开展体育教育工作的重要指导性文件。《标准》要求各学校每学年开展覆盖本校各年级学生的体质健康测试工作，这些测试也成为大多数学校体育课考试不可或缺的一部分。

《标准》开篇就明确指出了其所具有的重要意义：国家学校教育工作的基础性指导文件和教育质量基本标准；评价学生综合素质、评估学校工作和衡量各地教育发展的重要依据；《国家体育锻炼标准》在学校的具体实施；促进学生体质健康发展、激励学生积极进行身体锻炼的教育手段；国家学生发展核心素养体系和学业质量标准的重要组成部分；学生体质健康的个体评价标准。

接下来《标准》明确了其适用对象和适用对象的组别划分。《标准》的适用对象为全日制普通小学、初中、普通高中、中等职业学校、普通高等学校的学生，学生被划分为以下组别：小学、初中、高中按每个年级为一组，其中小学为6组、初中为3组、高中为3组；大学一、二年级为一组，三、四年级为一组。

《标准》还说明了各个组别的测试项目及评分标准。测试项目的选择充分考虑了学生生长发育的阶段性特征和身体素质发展的敏感期，评分标准则在参阅《国家体育锻炼标准》和部分省、自治区、直辖市"高中体育会考标准"等标准的基础上，根据我国学生体质健康的实际水平，采用百分位数、分段累进计分法等统计方法得出[2]。小学、初中、高中、大学各组别的测试指标均为必测指标。其中，身体形态类中的身高、体重，身体机能类中的肺活量，以及身体素质类中的50米跑、坐位体前屈为各年级学生的共性指标。13~15岁青少年多为七至九年级学生。七至九年级学生体质健康测试项目及评分标准详见第4~11页。

各年级学生共性指标

身体形态	身体机能	身体素质
身高 体重	肺活量	50米跑 坐位体前屈

《标准》也对测试的学年总分的计算方法和等级评定标准做出了规定。学年总分为标准分与附加分之和，满分为120分。标准分为各单项指标得分与权重乘积之和，满分为100分。附加分根据测试成绩确定，即对成绩超过100分的加分指标进行加分，加分幅度为20分。小学的加分指标为1分钟跳绳，加分上限为20分；初中、高中和大学的加分指标为男生引体向上和1000米跑，女生1分钟仰卧起坐和800米跑，各指标的加分上限均为10分。等级评定标准：90.0分及以上为优秀，80.0～89.9分为良好，60.0～79.9分为及格，59.9分及以下为不及格。

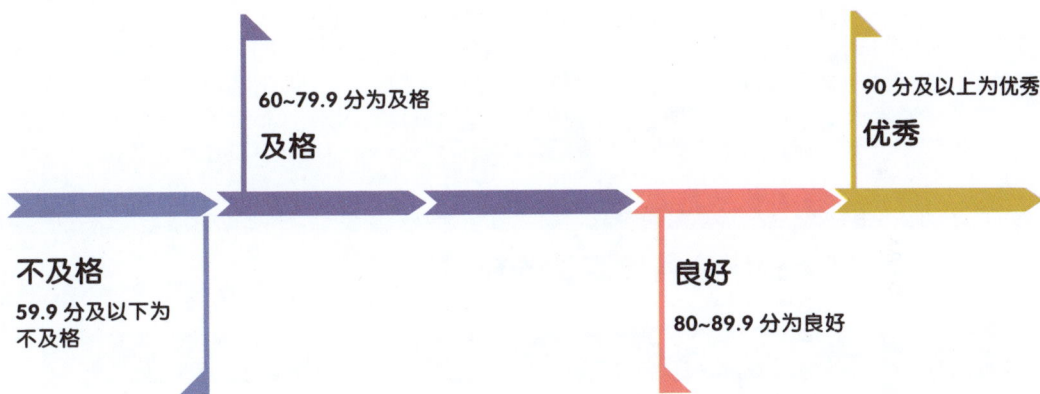

60~79.9 分为及格
及格

90 分及以上为优秀
优秀

不及格
59.9 分及以下为不及格

良好
80~89.9 分为良好

　　同时，《标准》指出了测试的学年总分对学生的重要影响。在每学年，学生测试成绩评定达到良好及以上者，方可参加评优与评奖；达到优秀者，方可获体育奖学分。测试成绩评定不及格者，在本学年准予补测一次，若补测仍不及格，则学年成绩评定为不及格。学生毕业时的成绩和等级按毕业当年学年总分的50%与其他学年总分平均分的50%之和进行评定。普通高中、中等职业学校和普通高等学校学生毕业时，成绩达不到50分者按结业或肄业处理。

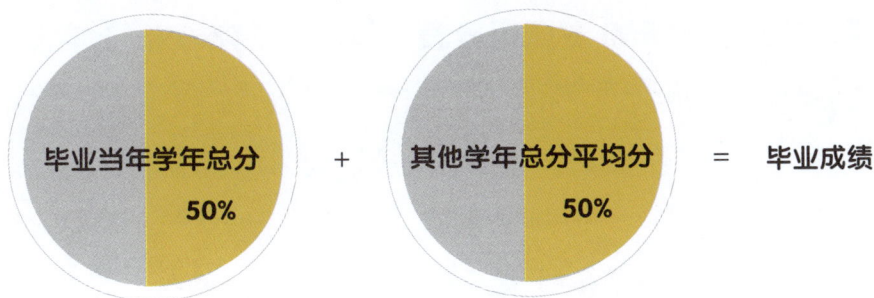

毕业当年学年总分
50%
+
其他学年总分平均分
50%
=
毕业成绩

1.2 七至九年级学生体质健康测试项目及评分标准

　　七至九年级学生体质健康测试共有7个项目：身体质量指数（BMI）、肺活量、50米跑、坐位体前屈、立定跳远、引体向上（男）、1分钟仰卧起坐（女）、1000米跑（男）、800米跑（女）。各项测试的权重见表1.1；各项测试的评分标准见表1.2~1.8，其中，BMI测试成绩精确到0.1千克/米²，肺活量测试成绩精确到1毫升，50米跑测试成绩精确到0.1秒，坐位体前屈测试成绩精确到0.1厘米，立定跳远测试成绩精确到1厘米，引体向上（男）、仰卧起坐（女）测试成绩精确到1次，1000米跑（男）、800米跑（女）测试成绩精确到1秒。七至九年级学生的高优指标引体向上（男）和1分钟仰卧起坐（女）的加分标准见表1.9，低优指标1000米跑（男）和800米跑（女）的加分标准见表1.10。

表1.1　七至九年级学生各项测试的权重

单项指标	权重（%）
BMI	15
肺活量	15
50 米跑	20
坐位体前屈	10
立定跳远	10
引体向上（男）/1 分钟仰卧起坐（女）	10
1000 米跑（男）/800 米跑（女）	20

源自：《国家学生体质健康标准（2014 年修订）》。

表1.2　七至九年级学生 BMI 测试评分表（单位：千克/米²）

等级	得分	七年级男生	八年级男生	九年级男生	七年级女生	八年级女生	九年级女生
正常	100	15.5~22.1	15.7~22.5	15.8~22.8	14.8~21.7	15.3~22.2	16.0~22.6
低体重	80	≤ 15.4	≤ 15.6	≤ 15.7	≤ 14.7	≤ 15.2	≤ 15.9
超重	80	22.2~24.9	22.6~25.2	22.9~26.0	21.8~24.4	22.3~24.8	22.7~25.1
肥胖	60	≥ 25.0	≥ 25.3	≥ 26.1	≥ 24.5	≥ 24.9	≥ 25.2

源自：《国家学生体质健康标准（2014 年修订）》。

表1.3 **七至九年级学生肺活量测试评分表（单位：毫升）**

等级	得分	七年级男生	八年级男生	九年级男生	七年级女生	八年级女生	九年级女生
优秀	100	3640	3940	4240	2750	2900	3050
	95	3520	3820	4120	2650	2850	3000
	90	3400	3700	4000	2550	2800	2950
良好	85	3150	3450	3750	2450	2650	2800
	80	2900	3200	3500	2350	2500	2650
及格	78	2780	3080	3380	2250	2400	2550
	76	2660	2960	3260	2150	2300	2450
	74	2540	2840	3140	2050	2200	2350
	72	2420	2720	3020	1950	2100	2250
	70	2300	2600	2900	1850	2000	2150
	68	2180	2480	2780	1750	1900	2050
	66	2060	2360	2660	1650	1800	1950
	64	1940	2240	2540	1550	1700	1850
	62	1820	2120	2420	1450	1600	1750
	60	1700	2000	2300	1350	1500	1650
不及格	50	1600	1890	2180	1310	1460	1610
	40	1500	1780	2060	1270	1420	1570
	30	1400	1670	1940	1230	1380	1530
	20	1300	1560	1820	1190	1340	1490
	10	1200	1450	1700	1150	1300	1450

源自：《国家学生体质健康标准（2014年修订）》。

表 1.4 **七至九年级学生 50 米跑测试评分表（单位：秒）**

等级	得分	七年级男生	八年级男生	九年级男生	七年级女生	八年级女生	九年级女生
优秀	100	7.8	7.5	7.3	8.1	8.0	7.9
	95	7.9	7.6	7.4	8.2	8.1	8.0
良好	90	8.0	7.7	7.5	8.3	8.2	8.1
	85	8.1	7.8	7.6	8.6	8.5	8.4
	80	8.2	7.9	7.7	8.9	8.8	8.7
及格	78	8.4	8.1	7.9	9.1	9.0	8.9
	76	8.6	8.3	8.1	9.3	9.2	9.1
	74	8.8	8.5	8.3	9.5	9.4	9.3
	72	9.0	8.7	8.5	9.7	9.6	9.5
	70	9.2	8.9	8.7	9.9	9.8	9.7
	68	9.4	9.1	8.9	10.1	10.0	9.9
	66	9.6	9.3	9.1	10.3	10.2	10.1
	64	9.8	9.5	9.3	10.5	10.4	10.3
	62	10.0	9.7	9.5	10.7	10.6	10.5
	60	10.2	9.9	9.7	10.9	10.8	10.7
不及格	50	10.4	10.1	9.9	11.1	11.0	10.9
	40	10.6	10.3	10.1	11.3	11.2	11.1
	30	10.8	10.5	10.3	11.5	11.4	11.3
	20	11.0	10.7	10.5	11.7	11.6	11.5
	10	11.2	10.9	10.7	11.9	11.8	11.7

源自：《国家学生体质健康标准（2014 年修订）》。

表 1.5 **七至九年级学生坐位体前屈测试评分表（单位：厘米）**

等级	得分	七年级男生	八年级男生	九年级男生	七年级女生	八年级女生	九年级女生
优秀	100	17.6	19.6	21.6	21.8	22.7	23.5
	95	15.9	17.7	19.7	20.1	21.0	21.8
	90	14.2	15.8	17.8	18.4	19.3	20.1
良好	85	12.3	13.7	15.8	16.7	17.6	18.4
	80	10.4	11.6	13.8	15.0	15.9	16.7
及格	78	9.1	10.3	12.4	13.7	14.6	15.4
	76	7.8	9.0	11.0	12.4	13.3	14.1
	74	6.5	7.7	9.6	11.1	12.0	12.8
	72	5.2	6.4	8.2	9.8	10.7	11.5
	70	3.9	5.1	6.8	8.5	9.4	10.2
	68	2.6	3.8	5.4	7.2	8.1	8.9
	66	1.3	2.5	4.0	5.9	6.8	7.6
	64	0.0	1.2	2.6	4.6	5.5	6.3
	62	−1.3	−0.1	1.2	3.3	4.2	5.0
	60	−2.6	−1.4	−0.2	2.0	2.9	3.7
不及格	50	−3.8	−2.6	−1.4	1.2	2.1	2.9
	40	−5.0	−3.8	−2.6	0.4	1.3	2.1
	30	−6.2	−5.0	−3.8	−0.4	0.5	1.3
	20	−7.4	−6.2	−5.0	−1.2	−0.3	0.5
	10	−8.6	−7.4	−6.2	−2.0	−1.1	−0.3

源自：《国家学生体质健康标准（2014 年修订）》。

表 1.6 **七至九年级学生立定跳远测试评分表（单位：厘米）**

等级	得分	七年级男生	八年级男生	九年级男生	七年级女生	八年级女生	九年级女生
优秀	100	225	240	250	196	200	202
	95	218	233	245	190	194	196
	90	211	226	240	184	188	190
良好	85	203	218	233	177	181	183
	80	195	210	225	170	174	176
	78	191	206	221	167	171	173
	76	187	202	217	164	168	170
	74	183	198	213	161	165	167
	72	179	194	209	158	162	164
	70	175	190	205	155	159	161
及格	68	171	186	201	152	156	158
	66	167	182	197	149	153	155
	64	163	178	193	146	150	152
	62	159	174	189	143	147	149
	60	155	170	185	140	144	146
	50	150	165	180	135	139	141
	40	145	160	175	130	134	136
不及格	30	140	155	170	125	129	131
	20	135	150	165	120	124	126
	10	130	145	160	115	119	121

源自：《国家学生体质健康标准（2014 年修订）》。

表 1.7 **七至九年级学生引体向上（男）、1分钟仰卧起坐（女）测试评分表（单位：次）**

等级	得分	七年级男生	八年级男生	九年级男生	七年级女生	八年级女生	九年级女生
优秀	100	13	14	15	50	51	52
	95	12	13	14	48	49	50
	90	11	12	13	46	47	48
良好	85	10	11	12	43	44	45
	80	9	10	11	40	41	42
及格	78				38	39	40
	76	8	9	10	36	37	38
	74				34	35	36
	72	7	8	9	32	33	34
	70				30	31	32
	68	6	7	8	28	29	30
	66				26	27	28
	64	5	6	7	24	25	26
	62				22	23	24
	60	4	5	6	20	21	22
不及格	50	3	4	5	18	19	20
	40	2	3	4	16	17	18
	30	1	2	3	14	15	16
	20		1	2	12	13	14
	10			1	10	11	12

源自：《国家学生体质健康标准（2014 年修订）》。

表1.8 **七至九年级学生 1000 米跑（男）、800 米跑（女）测试评分表**

等级	得分	七年级男生	八年级男生	九年级男生	七年级女生	八年级女生	九年级女生
	100	3'55"[a]	3'50"	3'40"	3'35"	3'30"	3'25"
优秀	95	4'05"	3'55"	3'45"	3'42"	3'37"	3'32"
	90	4'15"	4'00"	3'50"	3'49"	3'44"	3'39"
良好	85	4'22"	4'07"	3'57"	3'57"	3'52"	3'47"
	80	4'30"	4'15"	4'05"	4'05"	4'00"	3'55"
	78	4'35"	4'20"	4'10"	4'10"	4'05"	4'00"
	76	4'40"	4'25"	4'15"	4'15"	4'10"	4'05"
	74	4'45"	4'30"	4'20"	4'20"	4'15"	4'10"
	72	4'50"	4'35"	4'25"	4'25"	4'20"	4'15"
	70	4'55"	4'40"	4'30"	4'30"	4'25"	4'20"
及格	68	5'00"	4'45"	4'35"	4'35"	4'30"	4'25"
	66	5'05"	4'50"	4'40"	4'40"	4'35"	4'30"
	64	5'10"	4'55"	4'45"	4'45"	4'40"	4'35"
	62	5'15"	5'00"	4'50"	4'50"	4'45"	4'40"
	60	5'20"	5'05"	4'55"	4'55"	4'50"	4'45"
	50	5'40"	5'25"	5'15"	5'05"	5'00"	4'55"
	40	6'00"	5'45"	5'35"	5'15"	5'10"	5'05"
不及格	30	6'20"	6'05"	5'55"	5'25"	5'20"	5'15"
	20	6'40"	6'25"	6'15"	5'35"	5'30"	5'25"
	10	7'00"	6'45"	6'35"	5'45"	5'40"	5'35"

[a] 3'55" 表示 3 分 55 秒，余同。

源自：《国家学生体质健康标准（2014 年修订）》。

表 1.9　**七至九年级学生引体向上（男）、1分钟仰卧起坐（女）测试加分表（单位：次）**

加分[a]	七至九年级男生[b]	七至九年级女生[c]
10	10	13
9	9	12
8	8	11
7	7	10
6	6	9
5	5	8
4	4	7
3	3	6
2	2	4
1	1	2

[a] 引体向上（男）、1 分钟仰卧起坐（女）为高优指标，学生成绩超过单项评分 100 分后，以超过的次数所对应的分数进行加分。

[b] 七至九年级各个年级的男生使用同样的标准。

[c] 七至九年级各个年级的女生使用同样的标准。

源自：《国家学生体质健康标准（2014 年修订）》。

表 1.10　**七至九年级学生 1000 米跑（男）、800 米跑（女）测试加分表**

加分[a]	七至九年级男生[b]	七至九年级女生[c]
10	−35"	−50"
9	−32"	−45"
8	−29"	−40"
7	−26"	−35"
6	−23"	−30"
5	−20"	−25"
4	−16"	−20"
3	−12"	−15"
2	−8"	−10"
1	−4"	−5"

[a] 1000 米跑（男）、800 米跑（女）为低优指标，学生成绩低于单项评分 100 分后，以减少的秒数所对应的分数进行加分。

[b] 七至九年级各个年级的男生使用同样的标准。

[c] 七至九年级各个年级的女生使用同样的标准。

源自：《国家学生体质健康标准（2014 年修订）》。

从出生到成年，个体的各个器官和系统的形态、组成和功能等都在不断地发展和完善，这就是俗称的"生长发育"。受遗传和环境因素的影响，不同个体的生长发育具有一定的差异。但就整体而言，个体的生长发育具有阶段性、连续性和不平衡性三大共同特征。个体的各个器官、系统在不同年龄段的发展速度、幅度和状态都不一样，例如，个体在胎儿期和青春期的身高增速明显快于其他时期，这体现了个体生长发育的阶段性。同时，每个阶段的生长发育都是连续的，上一阶段的发展情况会对下一阶段产生一定的影响。此外，个体的不同器官、系统即使在同一年龄段，其发展情况也不一样，例如，神经系统发育较早，生殖系统发育较晚，这体现了个体生长发育的不平衡性[3]。

七至九年级学生的年龄一般为13~15岁，他们即将或已经进入青春期，处于迅速生长发育的关键时期，其身体形态和生理机能会发生明显的变化。在身体形态方面，刚刚进入青春期的七至九年级学生的骨骼生长明显，表现为身高突增，肌肉以纵向发展为主，以适应骨骼的增长；在小学就进入了青春期的七至九年级学生，其身体形态的变化速度减缓，以第二性征的发育为主[3]，如男生喉结突起、开始长胡须等，女生乳房突起、骨盆增大等。在生理机能方面，随着生长发育的不断进行，七至九年级学生的肌肉质量、体积和力量逐渐发展，心脏等内脏器官的发育速度加快，内分泌系统活跃。

身体素质是个体各项身体机能的外在表现，因此也具有生长发育的阶段性、连续性和不平衡性等特征。具体表现为各项身体素质在不同年龄段的发展速度不同；即使是在同一年龄段，由于存在生长发育的不平衡性，有的身体素质发展处于高峰时期，而有的则发展得较为缓慢。身体素质发展的高峰时期被称为该项身体素质的"敏感期"，也被称为"窗口期""训练机会之窗"或"最佳训练能力窗口"。只有遵循人体生长发育的规律，在适当的时候着重发展相应的身体素质，才能让学习和训练事半功倍。

鉴于敏感期在身体训练方面具有重要的指导作用，国内外大量学者对其进行了深入的研究。但是，由于生长发育受遗传、营养和运动等多种因素的影响，敏感期存在一定的个体差异，不同研究对各项身体素质敏感期的划分并不统一，目前较受大家认可的是运动员长期发展（Long-Term Athlete Development，LTAD）模型[4]。根据LTAD模型，儿童和青少年的身体素质敏感期有13个。对七至九年级学生而言，男生处于耐力的第一敏感期，柔韧性和速度的第二敏感期，协调性的敏感期及力量敏感期的第一阶段，女生处于耐力的第一敏感期，柔韧性、速度和技术的第二敏感期，协调性的敏感期及力量敏感期的第一和第二阶段。但由于学生的入学年龄不同，彼此间也存在差异，教师可根据图1.1确定和学生实际年龄相匹配的各项身体素质的敏感期，以此为参考并结合实际情况来确定训练方案。

图1.1 学生各项身体素质敏感期所对应的年龄区间

男生

年龄	4	5	6	7	8	9	10	11	12	13	14	15	16	17	18	19	20	21	22	23	24	25
柔韧性		第一敏感期							第二敏感期													
速度				第一敏感期						第二敏感期												
技术						第一敏感期					第二敏感期											
协调性								敏感期														
力量ᵃ									敏感期第一阶段				敏感期第二阶段				敏感期第三阶段					
耐力								第一敏感期					第二敏感期									
爆发力												敏感期										

女生

年龄	4	5	6	7	8	9	10	11	12	13	14	15	16	17	18	19	20	21	22	23	24	25
柔韧性	第一敏感期							第二敏感期														
速度			第一敏感期						第二敏感期													
技术					第一敏感期				第二敏感期													
协调性							敏感期															
力量ᵇ								敏感期第一阶段				敏感期第二阶段				敏感期 第三阶段						
耐力								第一敏感期					第二敏感期									
爆发力												敏感期										

ᵃ 男生身高突增期后的6~12个月是敏感期第一阶段,力量的增长速度最快;之后进入敏感期第二、第三阶段,力量的增长速度逐渐放缓。

ᵇ 女生身高突增期或月经初潮后是敏感期第一阶段,力量的增长速度最快;之后进入敏感期第二、第三阶段,力量的增长速度逐渐放缓。

源自:《青少年身体训练动作手册:拉伸训练》。

相较于小学生，七至九年级学生的神经系统进一步完善，他们对抽象事物的理解能力有所增强，不再像小学生那样只是简单地"看""听""记"，而能更好地理解和掌握较为复杂的概念和过程。他们的注意力也更容易集中，独立性更强。同时，在正确的引导和教育下，七至九年级学生已逐渐意识到体育锻炼的益处，不再只受有趣、好玩等直接动机的驱使开展体育锻炼，其积极性和自觉性有所提升，但易于动摇。此外，生理上的巨大变化使他们进入了最丰富的情感体验期，他们的情绪反应强烈但不稳定[6]。还有研究表明，13~18岁是发展个体意志品质的关键期，七至九年级学生正处于这个阶段。

但教师在训练中不可一味地强调对意志品质的磨炼，需要以学生为主体，发展学生进行自助式、探究式学习的能力，重视他们的情感体验，从而增强他们的人际交往、体育学习的能力，使学生全面发展。

综上所述，七至九年级学生的训练应对处于敏感期的身体素质有所侧重，同时均衡发展其他身体素质。其中，力量、耐力和协调性在小学高年级或七至九年级才进入敏感期，因此个体在小学时期并未针对这3项素质进行系统的训练，它们应成为七至九年级时期练习的重点。但有两点需要格外注意：一是七至九年级学生的生长发育存在较大的个体、性别差异，一定要关注学生的实际情况，以此为首要依据来制订或调整训练方案；二是相较于心脏的发育，七至九年级学生血管的发育较为滞后，一些学生可能会出现暂时性的"青春性高血压"，不适宜进行强度太高、总量太大的心肺耐力训练。

在训练过程中，教师可给予学生更多的自主空间，例如，让他们自己选择在一周中的哪几天训练及具体在训练日的哪个时段训练；若训练时间和其他事情有冲突，让他们自己做取舍和新的安排；在训练时充当"监测者""同伴"，而不是"教练"，只给予学生适当的辅助和提示，等等。但特别需要注意的是，即便学生有自主空间，也不能让他们自己单独训练，教师一定要做好安全监测。教师在对学生进行复杂训练动作的指导时，还要进一步讲解训练动作的目的、益处等，让他们对训练有更深入的认识。

1.4 七至九年级学生训练注意事项

任何训练的首要原则都是确保训练的安全，其次是确保训练的有效性。为了确保这两点，教师在指导七至九年级学生进行训练时应注意以下几点。

◎ 提前做好训练规划

前文分析提到，七至九年级学生具有其身心特点，教师必须以运动科学为基础，系统制订符合其需求和特点的长期和短期训练规划。学期训练规划应具有周期性，循序渐进地增大强度，既涉及影响体质测试成绩的所有身体素质，又具有针对薄弱项目的训练。每个训练日的安排要既全面又细致，根据时间和目标统筹安排所有不可或缺的训练板块，这样不仅有助于教师更好地把控训练过程，让训练节奏符合科学规律，又能将实际训练时长控制在计划范围内，不占用学生学习和休闲的时间，还能最大限度地降低意外事件的发生概率。同时家长要经常与学生及其教师沟通，了解学生在学校的训练内容和身体素质短板。

● 专业建议

对每个训练日的规划至少应包括以下几个部分的内容。

1.训练板块。每个训练日均应包含热身、正式训练和放松三大板块。在正式训练板块中，又应根据当日的训练目标设置具有针对性的小板块。

2.训练动作、训练节奏、训练量和间歇。规划中需要提前列好每个板块包含哪些训练动作，每个训练动作应以什么节奏进行和重复多少次（或保持多久、行进多远等），共进行几组训练，动作与动作和组与组的间歇等。

3.使用的指导语和提示语。例如，对于一些学生容易遗忘重点或做错的训练动作，可以用提示语来帮助学生想起重点或正确的动作。七至九年级学生对动作的控制能力、记忆能力及语言理解能力较小学阶段有大幅度的增强，因而需要提醒的地方变少，指导语和提示语也无须考虑学生的理解能力而特别设置。教师在必要时（学生做错动作、忘了下一个动作、没达到规定的重复次数等）进行简单的提示即可。

◎ 提前掌握训练动作

在训练之前，教师应该和学生就训练动作进行沟通，充分了解学生对即将用到的热身、正式训练和放松动作的掌握情况。教师可以让学生演示这些训练动作，检查其动作是否正确。如学生存在动作错误或做得不到位的情况，教师应及时指出并帮助其纠正；如发现学生因力量不足、关节受限等问题而无法正确地完成动作，教师应及时调整，将其更换为更适合学生的动作。一定要确保学生非常了解且可以正确完成所有的训练动作，否则会因纠正动作而打乱训练节奏，或因动作错误、出现代偿而影响训练效果甚至引起损伤。

◎ 训练之前做好充分准备

前文已提到，教师应在训练过程中给予学生更多的自主空间，因此可在训练之前，让他们自己做好场地和装备方面的准备，必要时可以给予他们一些指导和协助。在场地方面，指导他们提前检查训练环境是否安全，应确保训练地面平整且不会过于光滑、场地大小和高度能满足训练需求，并且没有任何可能绊倒、砸伤自己的危险物品等。如果在室外进行训练，还要提前关注天气状况，规避大风、高温等恶劣天气。在装备方面，一方面指导他们提前准备好训练会用到的所有器械并对其进行安全检查，确保所有器械完好，不存在危险因素；另一方面提醒他们穿运动服和运动鞋，不佩戴饰品，不携带较重物品。另外，七至九年级女生的胸部已开始发育，应提前告知她们在训练时穿着合适的运动内衣。

◎ 全面了解并随时关注学生状况

教师只有做到以下几点，才能从源头上规避风险。首先，教师应全面了解学生的体质测试成绩，制订与学生水平相匹配的训练规划。其次，教师应全面掌握学生的健康史和训练当天的健康状况，例如，处于生理期的女生应避免高强度、跳跃类和针对腹部的练习。基于这些信息，对当天的训练进行适当的调整，并针对可能发生的意外情况形成风险预案。最后，教师在训练过程中要随时关注学生的状况，学生也要及时反馈身体感受，一旦学生出现身体不适，要立即停止训练，必要时应及时就医。

◎ 不能忽视热身和放松

热身和放松是训练中必不可少的两个部分，其重要性不亚于正式训练。热身可以加快血液流速、提高呼吸频率及提升肌肉温度，从而提升身体的柔韧性和协调性，让身体为即将到来的正式训练做好准备，这样有助于提升训练效果并减缓疲劳、降低损伤风险。放松可以让身体的各项生理指标逐渐恢复到训练前的水平，避免血压急剧降低等风险；还可以排出体内的代谢废物，这有助于减缓肌肉酸痛。教师应重视这两个部分，也应让学生了解其重要性，从而更好地督促学生认真对待热身和放松。

◎ 提醒学生及时补水

水是人体必需的营养素，学生在训练时应保持体内的水代谢处于平衡状态。缺水会对运动表现产生不小的负面影响，严重时还会危及健康。训练时，身体会通过出汗来降温，这会让身体损失水分和电解质等。因此，学生应及时补水（包括运动前、中和后），避免脱水。一般来说，可以让学生在训练前、后和训练时每15分钟补充一次适量的水分。如在天气炎热的室外进行训练，补水量应适度增加，还应选择合适的运动饮料来补充电解质。当训练超过1小时时，应适当补充能量。同时，切忌在训练时饮水过量。

BMI 测试

2.1 认识 BMI 测试

BMI的英文全称为Body Mass Index，即身体质量指数，其用于反映个体身高和体重的关系，计算公式为BMI=体重（千克）/身高^2（米^2）。BMI由世界卫生组织（WHO）于1990年公布，是目前国际上通用的衡量个体胖瘦和健康程度的指标之一。在BMI测试中，学生按规定站在测试仪上获取身高和体重数据，然后即可计算出BMI，计算结果精确到0.1千克/米^2。七至九年级学生处于生长发育的重要阶段，身高和体重都是重要的发育指标。BMI用于评价学生在当前身高下体重是否正常，从而及时发现他们可能存在的营养不良或肥胖问题。研究表明，学生营养不良或肥胖与一些疾病存在相关性。因此，BMI测试有助于尽早发现学生在生长发育过程中存在的问题，从而帮助教师和家长及时采取调整措施，降低学生患相关疾病的风险。

◎ 影响因素

从BMI的计算公式可看出，BMI受体重和身高的影响。

● 体重

BMI用于评价学生在当前身高下体重发育是否正常，因此体重是BMI的主要影响因素。学生应通过科学的运动和均衡的膳食将体重控制在合理的范围内。

● 身高

虽然BMI不是用于评价学生身高发育是否正常的指标，但身高也会对BMI产生一定的影响。身高主要受骨骼发育情况和身体姿态的影响，科学的运动、均衡的膳食、充足的睡眠及良好的姿势习惯有助于使学生的身高正常发育。此外，个体早晚的身高差异较为明显，在测试前一晚拥有足够的睡眠，使脊柱充分伸展，会对次日的BMI测试有所帮助。

◎ 测试规则

1 背对身高体重仪，赤足站在底板上。

2 直立，面朝正前方。头部、臀部和脚跟与立柱保持接触。

背部挺直，背朝身高体重仪

赤足站在底板上

◎ 要点提示

● 测试前准备

① 测试前一晚应保证充足的睡眠，不应进行高强度的身体活动。

② 穿轻便的服装。

● 测试时注意

① 不要仰头或低头，也不要弯腰驼背、来回晃动。

② 不要携带重物，女生不要扎过高的马尾，以免影响测试的准确性。

NO!

不要仰头

不要低头

不要弯腰驼背、来回晃动

◎ 综合训练指导

七至九年级学生处于青春期，内分泌系统活跃，对矿物质的吸收增加从而促进了骨骼的生长，加上肌肉与脂肪的累积，其身高和体重都处在突增期。此时，他们需摄入足够的营养才能满足生长的需要，但一旦摄入过度，体重就很容易增加。身高增长过快导致体重暂时低于正常值的学生应多参加体育锻炼，发展肌肉，增加体重。此外，能量摄入过多导致体重高于正常值的学生更应积极地进行体力活动，增加能量消耗。

跳跃和力量练习能够给予骨骼适度的刺激，从而促进骨骼的生长发育，有助于学生长高。但是，对超重或肥胖的学生来说，跳跃类的练习不宜过多，以避免给膝关节带来过多的负担，影响腿部骨骼的发育。此外，值得注意的是，处于生理期的女生应尽量避免跳跃类和针对腹部的力量练习。经过更进一步的生长发育和小学时期的徒手训练，七至九年级学生有了一定的力量训练基础，可以适当提高肌肉训练的强度和量，进行小负荷的局部力量训练，但仍应同步进行全身性力量训练；还可以根据学生的个性化需要，调整动作难度、数量、负荷及持续时间，以达到不同的训练目的。

◎ 典型问题与解决建议

● 体重过重

教师指导体重过重的学生时，可以通过合理的运动和科学的饮食帮助其减少脂肪。教师应建议学生增加日常体力活动并进行规律的体育锻炼，包括在时间和距离均合理的前提下步行上下学、走楼梯上下楼，每天进行一定量的户外活动或室内训练，经常参加体育运动等。此外，教师还应建议学生适当控制能量摄入，尽量避免摄入过于油腻的食物和高热量、不健康的零食，多食用蔬菜、水果及优质蛋白质（如牛奶和鸡蛋等）。

● 体重过轻

教师指导体重过轻的学生时，同样可以通过合理的运动和科学的饮食帮助其增重。教师应建议学生适当做一些力量训练，但需要注意的是，力量训练应以全身性、动力性的练习为主。教师同样应提醒他们注意饮食的丰富性和均衡性，如有挑食等不良饮食习惯一定要改掉。此外，学生一定要保证蛋白质、锌、钙、磷和维生素等营养物质的摄入量达标。

◎ 其他注意事项

教师应时刻提醒学生保持良好的体态。七至九年级学生的骨骼仍处于生长发育的过程中，其骨骼中的无机盐含量较少，骨骼易变形，而他们中的很多人在伏案学习时往往采用不正确的姿势，这将造成脊柱肌肉的失衡，椎间盘压力水平的升高，导致不良体态和健康问题，影响身高发育，引起躯体功能障碍，甚至带来严重的畸形问题。因此，一定要督促学生在站、坐、行等方面养成良好的姿势习惯。尤其需要注意的是，在七至九年级阶段，女生的乳房开始发育，她们中的一些人对人体结构认识不足，并且情绪和认知处于较敏感的时期，可能会因为乳房的正常发育而感到害羞，进而形成含胸驼背的不良习惯。所以，教师在日常生活中应多关注学生，及时察觉他们的生理、心理和行为变化，以适当的方式与其沟通，理性地向其讲解相关的知识，以及时纠正其不良的体态。需要注意的是，不良的体态并非完全由不良的姿势习惯引发，如发现学生存在严重的体态问题，教师还要引导学生及时寻求医生等专业人员的帮助。

此外，睡眠时间是生长发育的黄金时间，充足的睡眠能促进学生身高的增长，还能使他们保持良好的身体和精神状态，从而在训练中更加投入，同时能在一定程度上提升训练的效果。因此，教师应督促学生养成早睡早起的生活习惯。

◎ 针对性提升练习

● 深蹲

> 下蹲时吸气，站起时呼气。

训练目标 **力量**
训练部位 **臀部、大腿**
所需器材 **无**
主要肌肉 **臀部肌群、下肢肌群**

要点提示

● 核心收紧，背部平直，膝关节与脚尖方向一致。

1 双脚开立，与肩同宽，挺胸直背，双臂自然垂于身体两侧。

2 屈髋屈膝至大腿几乎与地面平行，同时双臂前平举。臀部与大腿前侧肌肉发力，伸髋伸膝，回到起始姿势。重复规定的次数或时间。

● 侧弓步

训练目标 **力量**
训练部位 **腿部、臀部**
所需器材 **无**
主要肌肉 **下肢肌群**

下蹲时吸气，站起时呼气。

要点提示

● 脚尖向前，膝关节与脚尖方向一致。

1 双脚开立，间距略小于肩宽，背部平直，腹部收紧，双臂垂于身体两侧。

2 一侧脚向同侧迈出，屈髋屈膝，呈侧弓步。对侧腿保持伸直，双脚脚尖向前，且双脚不要离地，双臂前平举。收回迈出的脚，换对侧重复。两侧交替进行，完成规定的次数或时间。

● 熊爬–纵向

训练目标 **力量**
训练部位 **全身**
所需器材 **无**
主要肌肉 **全身**

要点提示

● 核心收紧，保持身体稳定。

全程均匀呼吸。

1 双手、双脚触地，双臂伸直支撑于地面，双脚脚尖支撑于地面。膝关节微屈，腹部收紧，面部朝下。

2 一侧手和对侧脚同时向前移动，然后换对侧重复。两侧交替进行，完成规定的距离或时间。

纵跳摸高

跳起呼气。

1 身体呈标准站姿，双臂自然放于身体两侧。快速下蹲后，下肢肌肉发力，双脚蹬地，手臂上摆垂直跳起。

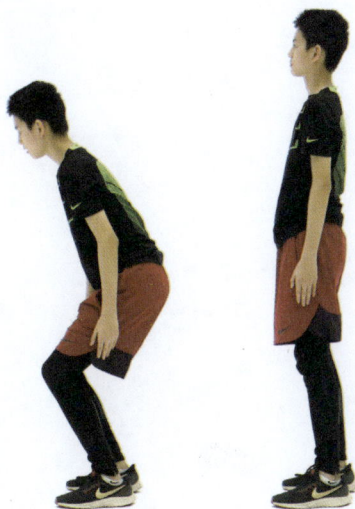

训练目标 **爆发力、力量**
训练部位 **臀部、腿部**
所需器材 **无**
主要肌肉 **下肢肌群**

2 落地时，双腿屈髋屈膝缓冲，身体呈运动姿。回到起始姿势，完成规定的次数。

要点提示

● 跳起时，双脚蹬地，下肢发力；落地时，双膝微屈。

● 桌面爬行–旋转

训练目标	**力量、稳定性**
训练部位	**全身**
所需器材	**药球**
主要肌肉	**全身**

全程保持均匀呼吸。

要点提示

● 核心收紧，背部平直，重心不要起伏。

身体呈跪姿，双臂伸直支撑于地面，屈髋屈膝，脚尖支撑于地面，双膝与地面之间保持一拳距离，背部平直，腹部收紧，面部朝下。尽量保持膝关节角度不变，肢体顺时针或逆时针围绕药球移动，直至回到起始姿势。完成规定的距离或时间。

● 俯卧撑–脚踩药球

训练目标	**力量、稳定性**
训练部位	**肩部、核心、手臂**
所需器材	**药球**

主要肌肉	**胸部肌群、核心肌群**

1 俯撑，双腿伸直，双脚撑于药球上。双臂伸直，双手撑地并位于肩关节正下方。背部平直，腹部收紧。身体从头到脚在一条直线上。

要点提示

● 核心收紧，尽可能保持身体稳定。

身体下降时吸气，上升时呼气。

2 身体下降至双肘屈曲90度，然后快速向上推起身体，回到起始姿势。完成规定的次数。

● 平板支撑-交替击掌

训练目标 **力量、稳定性**
训练部位 **核心、手臂、肩部**
所需器材 **无**
主要肌肉 **核心肌群、上肢肌群**

> 发力时呼气，还原时吸气。

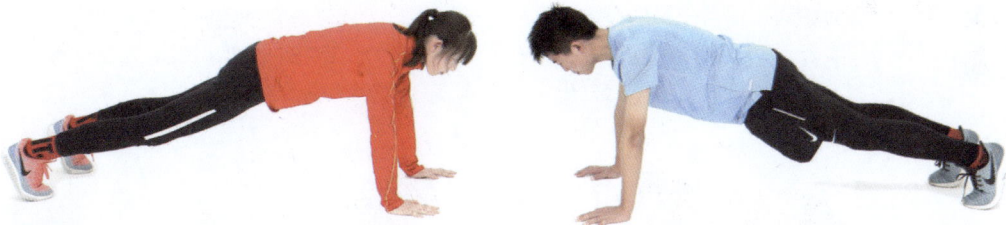

1 两位练习者相对，均呈平板支撑姿势，双脚打开约与肩同宽，双手置于肩关节正下方。

2 身体稳定、背部平直，腹部收紧，两位练习者伸出同侧手击掌，然后换对侧重复。两侧交替进行，完成规定的次数或时间。

要点提示

● 动作过程中始终保持背部平直和身体稳定。

● 平板支撑–单手抛接沙包

全程保持均匀呼吸。

1 两位练习者相对，保持一定的距离，呈平板支撑姿势。双臂垂直于地面，双手撑地且位于肩关节正下方，核心收紧，腰背挺直，身体呈一条直线。其中一位练习者抬起一只手，将沙包扔向同伴的同侧手。两人均成单手支撑姿势。

2 当同伴接住沙包后，再原路抛回。一开始扔沙包的练习者接住沙包，回到起始姿势。完成规定的次数，换对侧重复。

训练目标 **稳定性、力量**
训练部位 **核心肌群**
所需器材 **沙包**
主要肌肉 **核心肌群、肩部肌群**

要点提示

● 全程保持核心收紧，腰背挺直。

● 平板支撑-双人传递

训练目标 **稳定性、力量**
训练部位 **核心**
所需器材 **沙包**
主要肌肉 **核心肌群、肩部肌群**

要点提示

● 全程保持核心收紧，腰背挺直。

全程保持均匀呼吸。

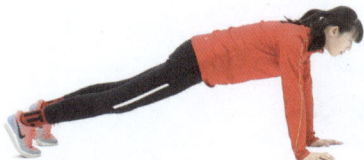

1 身体呈四点支撑的俯撑姿势（双手和双脚脚尖撑地），核心收紧，腰背挺直，保持双手位于肩部的正下方，双臂伸直。

2 保持背部平直，腹部收紧，一位练习者将沙包用贴地的形式快速传向同伴的对侧。此时同伴用对侧手接住沙包后，按照同样的动作标准，原路传回。一开始传沙包的练习者接住沙包，回到起始姿势。完成规定的时间或次数，换对侧重复。

● 双人弹力带直臂蹬腿

训练目标　**力量**

训练部位　**背部、下肢**

所需器材　**弹力带**

主要肌肉　**核心肌群、肩部肌群、下肢肌群**

身体后仰时呼气，还原时吸气。

1 两人面对面坐于地面，躯干挺直，双腿略打开，双膝微屈，双脚脚掌相对，双臂伸直，手握弹力带于脚尖上方处，弹力带保持一定的张力。

2 躯干保持挺直，下肢稳定，一位练习者发力提供阻力，同伴肩胛骨收紧，直臂蹬腿，下肢和后背发力，身体向后仰起，直至双腿伸直，躯干与地面的夹角约为45度，然后回到起始姿势，两人交换角色，重复上述动作。两人交替进行，完成规定的次数或时间。

要点提示

● 全程尽可能保持背部挺直，双臂伸直。

● 跪姿－俯卧撑

要点提示

● 全程保持身体从头部到膝部在一条直线上。

训练目标　**力量**
训练部位　**手臂、胸部、肩部**
所需器材　**瑜伽垫**
主要肌肉　**胸部肌群、肩部肌群**

撑起时呼气，下沉时吸气。

1 身体呈四点支撑的俯撑姿势（双手和双膝着地），双臂伸直，双手撑垫，且距离略比肩宽，保持身体从头部到膝部在一条直线上。

2 保持腹部收紧，屈肘，使身体下落至胸部几乎碰到垫面，上臂与躯干的夹角约为45度。快速推起身体，回到起始姿势。完成规定的次数。

● 俯卧－双手双膝支撑－肩胛骨后缩

训练目标　**力量**　　主要肌肉　**肩部肌群**
训练部位　**上背部**　所需器材　**瑜伽垫**

要点提示

● 全程保持双臂伸直。

肩胛骨后缩时吸气，前伸时呼气。

1 身体呈四足跪姿支撑于垫上，双臂伸直并置于肩关节的正下方，膝关节撑地并置于髋关节下方，躯干保持平直。

2 肩胛骨后缩到感觉有挤压感，躯干略下沉，然后回到起始姿势。完成规定的次数或时间。

● 侧卧–髋内收、外展

训练目标　**力量**
训练部位　**臀部**
所需器材　**瑜伽垫**
主要肌肉　**臀部肌群**

全程保持均匀呼吸。

1 侧卧，一侧手臂屈曲置于头部下方，对侧手置于胸部前方的垫子上。触垫侧腿伸直，脚尖勾起。非触垫侧腿屈膝约90度，与触垫侧腿分开，脚掌向后。

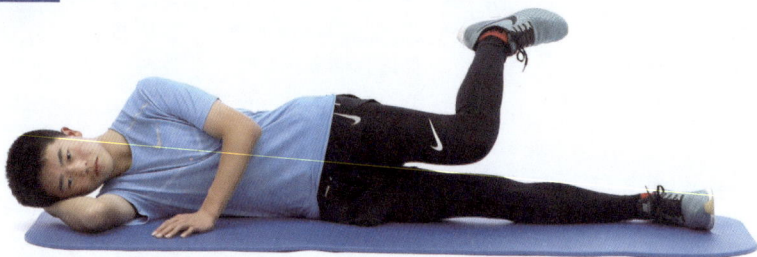

2 腹部和臀部收紧，非触垫侧的髋关节向内收至最低处，然后向上打开至最高处。完成规定的次数或时间，换对侧重复。

要点提示

● 全程保持身体稳定，躯干垂直于地面。

肺活量测试

3.1 认识肺活量测试

肺活量指尽力吸气后从肺内所能呼出的最大气量，它是潮气量、补吸气量和补呼气量之和或深吸气量与补呼气量之和。潮气量指每次呼吸时吸入或呼出的气量。补吸气量指平静吸气末再尽力吸气所能吸入的气量。补呼气量指平静呼气末再尽力呼气所能呼出的气量。深吸气量指从平静呼气末开始做最大吸气所能吸入的气量[7]。肺活量能反映肺部的容量，是评价心肺功能的常用指标之一，其受性别、体重、呼吸肌强弱等因素的影响。过去使用肺活量体重指数来评价心肺功能，但考虑到体重等形态指标的后天变异常常超过身体机能指标的后天变异，在2014年修订的《标准》中，肺活量替代了肺活量体重指数[2]。在肺活量测试中，学生在没有时间限制的情况下，深吸一口气后向肺活量计的吹气嘴呼气。当呼气停止或中断时，肺活量计上的数据不再增长，此时肺活量计上显示的数据则为肺活量测试成绩。肺活量测试能帮助教师监控学生心肺功能的生长发育情况，而心肺功能是个体体质健康综合评价体系的核心要素之一。

◎ 影响因素

影响肺活量的因素主要有性别、年龄、体形和身体成分、呼吸肌力量和心肺功能等。通常，学生的肺活量随年龄的增长而增大，且男生的肺活量普遍大于同年龄段的女生。对个体而言，肺活量受体形和身体成分、呼吸肌强弱和心肺功能这3个因素的影响。

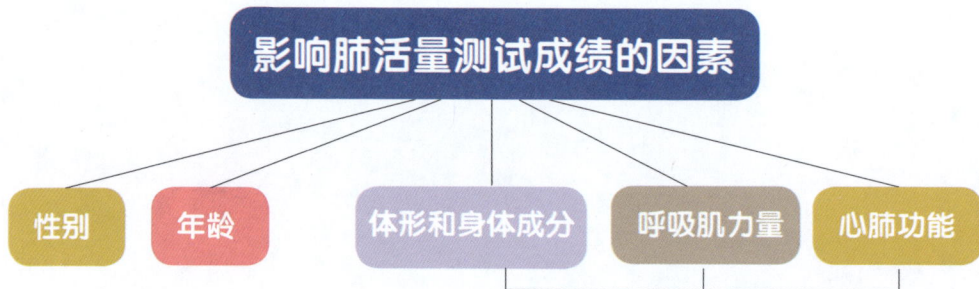

影响肺活量测试成绩的因素

性别　年龄　体形和身体成分　呼吸肌力量　心肺功能

对个体而言，肺活量主要受这 3 个因素的影响。

● 体形和身体成分

肺活量会随着学生的生长发育而发生相应的变化，身高、体重、胸围等体形方面的变化都可能对肺活量产生一定的影响[8]。还有研究表明，身体成分中的肌肉占比更高、脂肪占比更低的学生，普遍拥有更大的肺活量[9]。因此，学生养成均衡饮食和适当参与体力活动的生活方式，能促进个体的生长发育，优化身体成分，有助于肺活量的增大。

● 呼吸肌力量

呼吸肌包括肋间肌、膈肌和腹部肌群，它们在神经的支配下控制着个体的呼吸。平静状态下，吸气时，呼吸肌收缩，胸腔增大；呼气时，呼吸肌舒张，胸腔减小。强有力的呼吸肌能增加一次吸气和呼气的量，因此，通过一些呼吸训练方法强化呼吸肌，对肺活量的增大有一定的帮助。

● 心肺功能

人通过呼吸系统摄入氧气，并通过循环系统将氧气运输到参与身体活动的骨骼肌中，再将体内生成的废气（如二氧化碳等）借呼吸系统排至体外。在这个过程中，人摄入氧气、运输氧气的能力被称为心肺功能，心肺功能是决定个体肺活量大小的主要因素，是增大肺活量最重要的控制因素之一。因此，通过一定的耐力训练增强心肺功能，是增大肺活量的主要途径。

◎ 测试规则

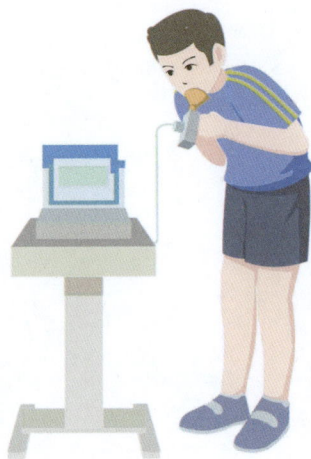

1 面朝肺活量计站立，慢慢吸气至最大限度。

2 屏气，然后对准吹气嘴并贴紧，以中等速度和力量吹气。可通过前倾、弯曲上半身来辅助吹气。

◎ 要点提示

● 测试前准备

测试前应进行充分的热身，做一些扩胸练习和呼吸练习。

● 测试时注意

① 吸气时不要耸肩，尽可能多地吸气。

② 呼气时，持吹气嘴的手稍稍用力，以防漏气；注意匀速呼气，呼气过快可能导致吹气嘴与嘴巴之间出现缝隙，过慢则可能导致肺活量计无法感受到气体；连续呼气，直至将全部气体呼出。

③ 即将将全部气体呼出时，前倾身体，用力呼出剩余的所有气体，但此时应注意，持吹气嘴的手保持用力，避免身体前倾导致漏气。

NO!

吹气嘴和嘴之间不要有缝隙

不要耸肩

3.2 肺活量测试针对性提升训练

◎ 综合训练指导

　　建议七至九年级学生进行以全身性练习为主的强度较高、间歇时间较短的训练,以快速改善心肺功能。这一类训练的能量消耗较大,教师应在提醒学生训练的前后适度补充能量,在训练中及时补水。前文提到过,七至九年级学生的血管发育速度跟不上其心脏发育速度,可能会出现"青春性高血压",因此学生在训练期间一旦感觉身体不适,应及时报告。没有运动基础的学生刚开始接触这类训练时,训练强度不宜过大。此外,学生必须提前掌握动作要领,以便在训练中更好地保护自己。

　　同时,教师还要辅以对呼吸肌的训练,并教授学生腹式呼吸的方法。使用腹式呼吸的方法不仅能增大肺容量、降低静息时的血压[10],还能有效地缓解心血管系统的应激反应[11],调节身心。在训练的间歇,教师也要提醒学生使用腹式呼吸法,调整好呼吸节奏,以达到更好的休息效果。

◎ 典型问题与解决建议

● 肺活量小

　　指导肺活量小的学生在课上、课下多进行有益于提升肺活量的练习,主要推荐进行以下3类练习。

1 有氧运动,尤其是游泳。

2 吹气练习,如吹气球等。

3 吹奏乐器练习,对吹奏乐器感兴趣的学生可多多进行相应的练习。

　　一部分七至九年级学生已找到自己喜欢且适合自己的有氧运动,教师应督促他们养成有规律地进行有氧运动的习惯。同时,也应指导他们进行一些憋气和吹气练习。

● 测试时呼气存在的问题

学生在呼气时主要存在以下3个方面的问题。

① 吹气嘴与嘴巴之间出现缝隙，导致漏气。

② 呼气过快或过慢。

③ 未将气体完全呼出即停止。教师应指导学生常常进行模拟测试，并在模拟测试时和实际测试前反复提醒其测试要点。拿吹气嘴（肺活量计更佳）练习气口；使用腹式呼吸；吸气后缓慢吹气；持吹气嘴的手全程保持用力，让吹气嘴与嘴之间不留缝隙；前倾身体用力呼出所有气体。

◎ 其他注意事项

良好的体态对人体胸腔的打开非常有帮助，胸腔打开可以让更多的空气进入肺部，这能在一定程度上增大肺活量。因此，教师要培养学生养成良好的姿势习惯，尤其应保证学生上半身的体态良好，及时对其不良体态进行纠正。

◎ 针对性提升练习

● 双脚左右跳

全程保持均匀呼吸。

要点提示

● 跳跃时，核心收紧，脚不要拖地，注意使髋关节、膝关节和踝关节协调发力。

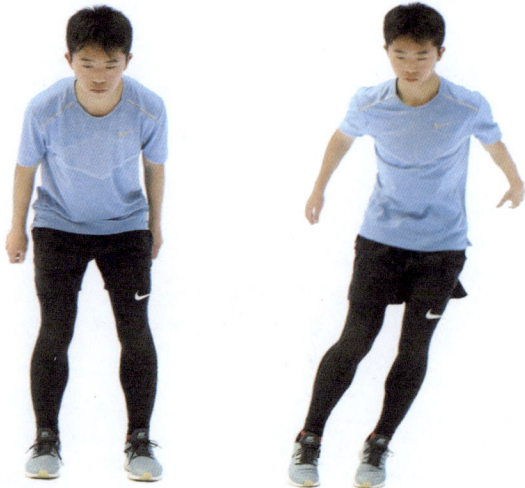

训练目标 **灵敏性**
训练部位 **腿部、核心**
所需器材 **无**
主要肌肉 **下肢肌群、核心肌群**

1 身体呈运动姿，双臂微屈收于身体两侧，重心位于前脚掌。

2 保持背部挺直，腹部收紧，双脚前脚掌着地有节奏且连续地向左、向右快速跳。控制节奏由慢变快，直至达到最快速度，并尽可能保持最快速度几秒后再减速。完成规定的次数或时间。

● 碎步跑

全程保持均匀呼吸。

训练目标　**灵敏性、协调性**
训练部位　**全身**
所需器材　**无**
主要肌肉　**下肢肌群**

2 保持背部挺直，以较高的频率进行碎步跑，同时缓慢向前移动。手臂始终保持较低的摆动频率。控制脚步节奏由慢变快，直至最快，并尽可能保持最快速度几秒后再减速，尽可能保持上、下肢的协调性。重复规定的时间或次数。

要点提示

● 运动时脚不要拖地，注意使髋关节、膝关节和踝关节协调发力。

1 身体呈运动姿，双脚开立，间距略比肩宽，手臂呈前后摆臂状，重心位于前脚掌。

第 3 章　肺活量测试

● 开合跳

随着动作节奏均匀呼吸。

训练目标　**灵敏性、协调性、心肺功能**
训练部位　**全身**
所需器材　**无**
主要肌肉　**下肢肌群、肩部肌群**

要点提示

● 跳跃和落地过程中，核心收紧，同时保持膝盖和脚尖一致向前。

1 身体直立，双脚开立。双臂伸直，自然放于身体两侧，目视前方。

2 保持腹部收紧，双腿蹬地发力，向上跳起并打开，双臂伸直并经身体两侧向上移动。落地时，双脚间距变大，双手在头顶上方轻轻触碰。落地后随即再次跳起，双臂下摆，双脚靠拢。回到起始姿势，完成规定的次数或时间。

● 低位开合跳

> 跳跃时呼气，
> 落地时吸气。

要点提示

● 跳跃过程中躯干保持挺直，膝盖和脚尖一致向前。

训练目标	**灵敏性、协调性、心肺功能**
训练部位	**全身**
所需器材	**无**
主要肌肉	**下肢肌群、肩部肌群**

1 身体呈1/4蹲姿，双脚开立约与髋同宽，躯干挺直略前倾，双臂伸直并自然下垂。

2 保持屈髋屈膝姿势，踝关节发力，双脚蹬地跳跃，同时髋关节外展，双臂经身体两侧向上移动。落地时，双脚间距变大，双手在头顶交叉。落地后随即再次跳起，双臂下摆，双脚靠拢。回到起始姿势，完成规定的次数或时间。

● 平板支撑–侧向外展–提膝

> 全程保持均匀呼吸。

1 身体呈四点支撑的俯撑姿势（双手和双脚脚尖触地），核心收紧，腰背挺直，保持双手位于肩部的正下方，双臂伸直。

2 双手支撑，保持腹部收紧，一侧腿向外屈髋屈膝上提，回到起始姿势。按照同样的动作标准，两侧交替进行，完成规定的次数。

要点提示

● 整个动作过程中，保持核心收紧，腰背挺直。
● 收腹屈膝时，躯干保持稳定，减少身体的左右晃动。

训练目标	**稳定性、力量**
训练部位	**核心**
所需器材	**瑜伽垫**
主要肌肉	**核心肌群**

● 站姿–对侧–前后–手碰脚

> 全程均匀呼吸。

1

身体呈直立姿，双脚开立，与髋同宽，躯干挺直，双臂伸直并自然下垂。

2

向上跳起，同时一侧腿屈膝并抬高，使对侧手与脚相碰，然后换对侧重复。向上跳起，同时一侧腿向后屈膝，使对侧手与脚在身后相碰，然后换对侧重复。重复前后手碰脚动作，完成规定的时间或次数。

训练目标 **灵敏性、协调性**
训练部位 **全身**
所需器材 **无**
主要肌肉 **下肢肌群**

要点提示

● 在整个跳跃过程中，上身保持直立。

● 平板支撑-动态登山

全程保持均匀呼吸。

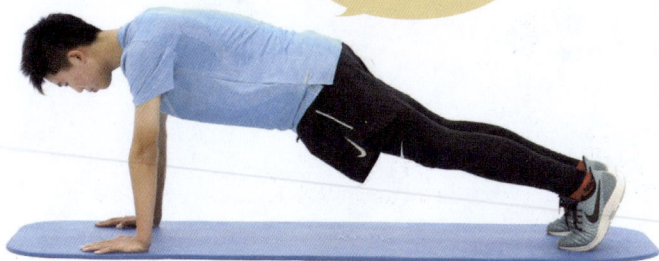

1

身体呈四点支撑的俯撑姿势（双手和双脚脚尖撑地），核心收紧，腰背挺直，保持双手位于肩部的正下方，双臂伸直。

2

双手撑垫，保持腹部收紧，抬一侧腿，屈髋屈膝至髋部下方，然后回到起始姿势。

3

按照同样的动作标准，两侧交替进行，完成规定的次数或时间。

要点提示

- 整个动作过程中，保持核心收紧，腰背挺直。
- 收腹屈膝时，躯干保持稳定，减少身体的左右晃动。

训练目标 **稳定性、力量**
训练部位 **核心**
所需器材 **瑜伽垫**
主要肌肉 **核心肌群**

● 波比跳

训练目标	**灵活性、灵敏性、心肺功能**
训练部位	**全身**
所需器材	**瑜伽垫**
主要肌肉	**全身**

全程保持均匀呼吸。

1 身体呈直立姿，双臂伸直，自然垂于身体两侧，目视前方。

2 保持腹部收紧，屈髋屈膝，俯身至双手在肩部正下方触垫。双臂伸直，双手触垫支撑，伸髋伸膝，双脚同时向后跳至头部、躯干、双腿尽量在一条直线上。

要点提示

● 保持动作连贯。

3 屈髋屈膝，将双脚收回，身体呈下蹲姿势，双手触垫支撑。向上跳起，同时双臂向上伸展至在头顶上方轻轻触碰。

4 回到起始姿势。重复规定的次数。

● 俯卧撑波比跳

训练目标	**灵活性、灵敏性、心肺功能**
训练部位	**全身**
所需器材	**瑜伽垫**
主要肌肉	**全身**

全程保持均匀呼吸。

1 身体呈直立姿，双臂伸直，自然垂于身体两侧，目视前方。

2 保持腹部收紧，屈髋屈膝，俯身至双手在肩部正下方触垫。双臂伸直，双手触垫支撑。伸髋伸膝，双脚同时向后跳至头部、躯干、双腿尽量在一条直线上。

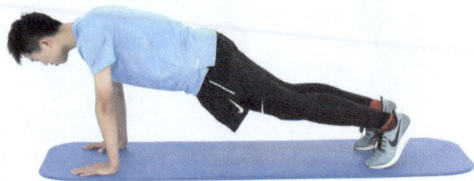

要点提示

● 保持动作连贯。

3 屈肘，身体下降至双肘屈曲约90度。手臂伸直，屈髋屈膝，将双脚收回，身体呈下蹲姿势，向上跳起，同时双臂向上伸展至在头顶上方轻轻触碰。回到起始姿势。重复规定的次数。

● 标准跳绳

全程保持均匀呼吸。

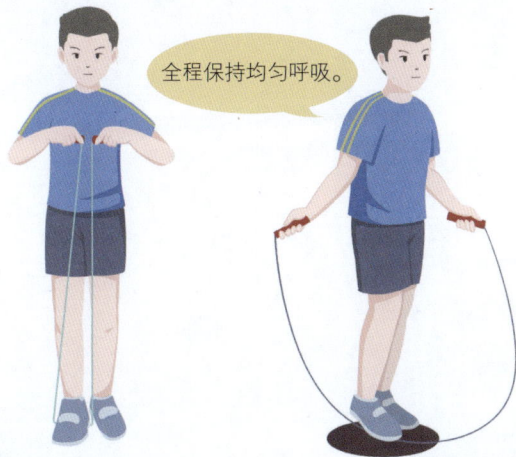

訓練目标 **协调性、跳绳速度、耐力**
訓練部位 **全身**
所需器材 **跳绳**
主要肌肉 **下肢肌群**

要点提示

● 以手腕为轴摇绳，手臂保持放松。
● 全程保持上臂贴靠躯干。
● 不用跳得太高，3~5 厘米即可。

1 站立，双脚并拢。双手各持一个跳绳握把，上臂尽量贴靠躯干。双手向前伸，将跳绳中段抵在小腿后侧，拉紧跳绳。

2 双手以手腕为轴向前摇绳。在跳绳被摇至身体前方即将接触地面时，双脚同时跳起。此时摇绳动作不停，让跳绳迅速从脚下通过，双脚落地时跳绳被摇至身体后方。每跳跃1次且摇绳1周为1次。重复规定的次数或时间。

● 高抬腿跳绳

全程保持均匀呼吸。

訓練目标 **协调性、灵敏性、跳绳速度**
訓練部位 **全身**
所需器材 **跳绳**
主要肌肉 **下肢肌群**

要点提示

● 以手腕为轴摇绳，手臂保持放松。
● 落地腿屈膝缓冲。

1 站立，双脚并拢。双手各持一个跳绳握把，上臂尽量贴靠躯干。双手向前伸，将跳绳中段抵在小腿后侧，拉紧跳绳。

2 双手以手腕为轴向前摇绳。在跳绳被摇至身体前方即将接触地面时，单脚跳起，另一条腿的大腿高抬，约与地面平行。同时摇绳动作不停，让跳绳迅速从脚下通过，一侧脚落地时跳绳被摇至身体后方。每跳跃1次且摇绳1周为1次。重复规定的次数或时间。

50 米跑测试

4.1 认识 50 米跑测试

50米跑是直线短跑项目，能综合评价个体的移动速度、反应速度和灵敏性等身体素质的水平[2]。在50米跑测试中，起跑指令发出时开始计时，学生躯干冲过终点线后停止计时，时间精确到0.1秒（按小数点后第2位数非0即进1的规则），所得时间即为50米跑测试成绩。测试期间，学生不允许抢跑和串道。50米跑测试能在一定程度上反映学生中枢神经系统的机能状态和神经、肌肉的调节功能，具有重要的意义。

◎ 影响因素

爆发力和速度耐力决定了学生在50米跑测试中快速达到较快速度并保持该速度的能力，爆发力和速度耐力会对50米跑测试成绩产生决定性的影响。此外，手下肢力量、跑步动作和核心力量关乎跑步过程中力的产生和传导，快速反应能力则决定学生对起跑指令的反应速度。它们都会对50米跑测试成绩产生一定的影响。

影响50米跑测试成绩因素

- 爆发力和速度耐力
- 下肢力量
- 跑步动作和核心力量
- 快速反应能力

● 爆发力和速度耐力

爆发力指人体进行高功率输出的能力。它不是一种单一的身体素质，而是力量和速度的组合。速度耐力也被称为无氧耐力，指人体持续进行高功率输出的能力。50米跑以无氧代谢为主，要求个体全程保持较快速度，是强度极高的跑步项目。跑步时，爆发力强的个体能更快地达到较快速度，速度耐力强的个体则能更持久地保持较快速度。因而，爆发力和速度耐力强的个体能在50米跑测试中占据优势。

● 手臂力量

在运动时，手臂和腿部的摆动是协调统一的，因此手臂快速、大幅度的摆动对腿部的摆动起着重要的主动带动作用[12]。而发展手臂力量有助于加快手臂的摆动速度，因此，增强手臂力量能够促进腿部的摆动，也就能在一定程度上提升50米跑测试成绩。

● 跑步动作和核心力量

不同类型的跑步项目，甚至同一类型跑步项目的不同阶段都有其最适合的跑步动作，使用相应的跑步动作有助于提高跑步的经济性并预防损伤。在50米跑测试中，个体应主动上抬大腿后积极地向下、向后蹬，这有助于从地面获得向前的推进力；躯干应保持在中立位，避免过度前倾、后仰或前后摆动，这可以避免不必要的能量消耗；在50米跑测试中，手臂应协调摆动，这样可以保证个体的协调与稳定[12]。增强核心力量则能够使躯干更加稳定，让跑步动作更协调、到位。

● 快速反应能力

快速反应能力是个体在短时间内识别刺激，做出判断，并执行动作的能力。在50米跑测试中，快速反应能力较强的个体能对起跑指令做出快速的反应，缩短起跑所用的时间，从而在该环节取得优势。

◎ 测试规则

1 一般采用站立式起跑，听到"预备"的指令时集中注意力。

采用站立式起跑。

2 听到"跑"的指令后，沿自己的跑道快速地跑向终点线，起跑指令发出时开始计时。

3 躯干冲过终点线后停止计时。测试成绩以秒为单位，精确到0.1秒。计时规则为小数点后第2位数非0则进1，例如，10.51秒会被计为10.6秒。

● **测试前准备**

测试前应进行充分的热身，穿合适的运动服和跑鞋。

● **测试时注意**

1 做起跑准备时，双脚不要踩实地面；集中注意力听起跑指令，不要抬头看裁判。

2 起跑后，慢慢地抬高重心，以防摔倒。

3 跑步时，身体不要过度前倾、后仰和左右晃动，双臂不要左右摆动。

4 冲过终点线后再减速。

5 跑步过程中不可串道。

NO!

起跑准备时，双脚不要踩实地面

跑步时身体不要后仰

跑步时双臂不要左右摆动

4.2 50米跑测试针对性提升训练

◎ 短跑技术学习

● 准备姿势

双脚前后开立，间距为一脚或一脚半的长度，抬起后脚脚跟，后膝屈曲，前膝微微屈曲，上半身向前倾，将重心放在前腿上，不可过度前倾。双臂呈摆臂状。

● 起跑

听到起跑指令后，前脚用力蹬地，后腿前摆，身体保持前倾，双臂积极、有力地前后摆动。

● 加速跑

在起跑后的前几步，双臂、双腿积极、充分地摆动，同时慢慢地抬高重心。在这个过程中注意用前脚掌着地。

● 途中跑

大腿主动向上抬，抬至最高点后积极地向下压，小腿向后折叠，落地时双脚积极地"扒地"。双臂也要积极、有力地前后摆动。上半身处于中立位，保持平衡、稳定，避免晃动。

● 冲刺跑

跑至距终点线约2米的位置时，躯干加大前倾角度，全速冲过终点线后再减速。

◎ 综合训练指导

在七至九年级学生50米跑测试的及格时间（七年级男生为10.2秒，女生为10.9秒；八年级男生为9.9秒，女生为10.8秒；九年级男生为9.7秒，女生为10.7秒）内，人体更多地依赖无氧能量系统供能，主要的供能系统为磷酸原系统（ATP-CP），其次为糖酵解系统。磷酸原系统用体内的磷酸肌酸供能，其特点是供能速度快，但持续时间短，一般为10秒左右；糖酵解系统用体内的肌糖原和肝糖原供能，当人体以无氧的状态进行运动时（如在50米跑和100米跑中），这种供能形式会使人体内产生乳酸，而大量堆积的乳酸会使肌肉疲劳、无力，使个体难以维持最快速度。因此，针对50米跑测试的训练应以强度高、持续时间短（10秒左右）的爆发性练习为主，以增强磷酸原系统供能的能力，同时辅以高强度、持续时间稍长（30秒左右）且间歇短的速度耐力性练习，以增强人体耐乳酸的能力，发展速度耐力。

与小学时期相比，七至九年级学生的50米跑测试成绩提升练习仍侧重于发展全身爆发力以及下肢、手臂和核心肌群的耐力和力量，但整体难度有所提高。核心力量练习可以增强身体的稳定性，从而提升跑步过程中的躯干稳定性，减少不必要的能量消耗。七至九年级学生的课业负担较重，他们对难度和强度较大的训练可能会产生畏难和抵触情绪，教师应注意通过提升学生在训练中的自主性、讲解相关技术知识（如蹲踞式起跑与站立式起跑的区别）等方式提高其积极性，这同时有助于增强学生的动作理解能力。

◎ 典型问题与解决建议

● 起跑慢

七至九年级学生起跑慢主要是因为其快速反应能力较差，教师应组织学生进行针对性的提升训练。还有少部分学生存在起跑时不专心的问题，教师应指导他们进行模拟测试，让他们逐渐养成在测试时全神贯注、不在起跑期间左顾右盼的习惯。

● 摆臂存在问题

学生的摆臂问题主要集中在两个方面：摆臂姿势错误和摆臂速度慢。解决摆臂姿势错误的办法是指导学生进行原地或行进间的摆臂练习，注意提示学生正确的摆臂姿势的要点，即双臂前后摆动且向前摆时手部不越过身体中线。解决摆臂速度慢的办法是在学生摆臂姿势正确的前提下，指导他们在摆臂练习中逐渐加快速度，同时进行一些上肢力量练习。

● 摆腿、落地存在问题

学生的摆腿、落地问题主要集中在两个方面：摆腿速度慢和双脚落地沉重。出现这两个问题的原因均有可能是下肢力量不足和跑步姿势错误，因此教师应指导学生进行一些下肢力量练习及短距离跑练习，在短距离跑练习中不断提示学生正确跑步的要点。

● 未沿直线跑、左顾右盼

50米跑测试规定，学生在整个过程中只能在自己的跑道中跑。然而有少部分学生跑步时会遗忘这一点，不沿直线跑，容易串到他人跑道。还有少部分学生习惯在跑步时观察他人，这会在一定程度上影响跑步速度，从而影响最终的测试成绩。教师可以指导容易串道的学生进行窄道跑、直线跑，在跑步过程中集中注意力，让他们养成正确的跑步习惯。

● 未冲过终点线就减速

针对这个问题，教师应指导学生进行距离稍长于50米的跑步练习，如70米跑。此外，教师应在模拟测试和正式测试前反复提醒学生冲过终点线后再减速。

● 70米跑

全程保持均匀呼吸。

训练目标 **速度**　所需器材 **胶布**
训练部位 **全身**　主要肌肉 **全身**

用胶布标记出起跑线和终点线（间距为70米）。以标准跑步姿势从起跑线跑至终点线。重复规定的次数。

要点提示

● 跑步过程中，注意双臂和双腿的摆动姿势，同时保持核心收紧，身体稳定。
● 冲过终点线之后再减速。

● 背身起跑

全程保持均匀呼吸。

训练目标 **快速反应、起跑**
训练部位 **全身**
所需器材 **胶布**
主要肌肉 **全身**

用胶布标记起跑线和终点线。背对起跑线，自然站立于起跑线后。听到起跑信号后迅速向后转身，向终点线奔跑。到达终点线后回到起跑线。重复规定的次数。

要点提示

● 可经非优势侧向后转身，同时用优势脚蹬地，对侧脚向前迈步，优势臂向前摆，对侧臂向后摆，快速起跑。

● 军步走-直腿

训练目标 **强化动作技能**
训练部位 **全身**
所需器材 **无**
主要肌肉 **核心肌群、下肢肌群**

随着动作节奏均匀呼吸。

要点提示

● 动作过程中保持核心收紧。

● 腿下落时保证髋部充分伸展，腘绳肌有牵拉感，同时保持支撑腿伸直。

1 身体呈直立姿，双脚并拢，双臂自然垂于身体两侧。

2 保持躯干挺直，腹部收紧，一侧腿尽可能伸直，脚尖勾起，屈曲髋关节，向前踢出，同侧手臂向后摆，对侧手臂自然前摆至胸前，呈踏步姿势。踢出脚落地的同时用力蹬地，身体重心向前移，同时换另一侧腿尽可能伸直，脚尖勾起，向前踢出，双臂自然摆动。两侧交替进行，完成规定的次数或距离。

● 军步走-纵向

训练目标 **强化动作技能**
训练部位 **全身**
所需器材 **无**
主要肌肉 **下肢肌群**

随着动作节奏均匀呼吸。

要点提示

● 动作过程中保持核心收紧。

● 单腿支撑时保持身体稳定。

1 身体呈直立姿，双脚开立，小于肩宽，双臂自然垂于身体两侧。

2 保持躯干挺直，腹部收紧，抬一侧腿，屈曲髋关节和膝关节，至大腿与地面接近平行，脚尖勾起，双臂自然摆动。抬起腿落地的同时用力蹬地，同时重心前移，换另一侧腿抬起至大腿与地面接近平行。两侧交替进行，完成规定的次数或距离。

● **分腿蹲-动态**

训练目标 **力量**
训练部位 **臀部、腿部**
所需器材 **无**
主要肌肉 **下肢肌群**

要点提示

● 躯干保持中立位，身体挺直，前侧腿屈髋屈膝约90度。

起身时呼气，下蹲时吸气。

1 身体呈直立姿，双腿开立，距离小于肩宽，挺胸收腹，下颌微收，双手叉腰。

2 保持躯干挺直，腹部收紧，一条腿向前迈步的同时，双腿屈膝至前侧腿的大腿与地面平行，后侧腿的膝部几乎触地。

3 后侧腿蹬地发力，回到起始姿势，换对侧重复。两侧交替进行，规定的次数或时间。

● **弓步**

训练目标 **力量**
训练部位 **臀部、腿部**
所需器材 **无**
主要肌肉 **下肢肌群**

起身时呼气，下蹲时吸气。

要点提示

● 躯干保持中立位，身体挺直，前侧腿屈髋屈膝约90度，后侧腿伸直。

1 身体呈直立姿，双腿开立，距离小于肩宽，挺胸收腹，下颌微收，双手叉腰。

2 保持躯干挺直，腹部收紧，一条腿向前迈步的同时，屈髋屈膝至大腿几乎与地面平行，后侧腿蹬地伸直。后侧腿蹬地发力，回到起始姿势，换对侧重复。两侧交替进行，完成规定的次数或时间。

● 栏架–双脚跳–侧向–无反向

手臂向下摆动，预蹲时吸气。手臂向上摆动，跳起时呼气。

1 屈髋屈膝，侧对栏架站立，双脚开立，约与肩同宽，躯干前倾，双臂位于体后，躯干挺直。

2 双臂快速上摆，下肢快速伸髋伸膝，双脚蹬离地面，侧向跳过栏架。

要点提示

- 整个过程中保持核心收紧、腰背挺直。
- 以手臂带动身体快速蹬地发力，伸髋伸膝，完成起跳。
- 蹬地要快速有力，蹬腿和摆臂要协调，强调离地前前脚掌的瞬间蹬地动作。
- 起跳后，身体伸展，尽力跳至最高点。
- 落地时，注意屈髋屈膝缓冲，保持身体稳定。

3 落地时，屈髋屈膝，缓冲地面的反作用力，同时双臂下摆至体后。保持落地姿势1~2秒。换对侧重复，跳回起始位置。完成规定的次数。

训练目标　**爆发力、协调性、稳定性**
训练部位　**臀部、腿部**
所需器材　**栏架**
主要肌肉　**下肢肌群**

● 栏架–双脚跳–旋转90度–无反向

第 4 章 50 米跑测试

跳跃时呼气，落地时吸气。

1 屈髋屈膝，侧对栏架站立，双脚开立，约与肩同宽，躯干前倾，双臂位于体后，躯干挺直。

2 双臂快速上摆，以手臂带动身体，小腿、大腿前侧和臀部发力，快速伸髋伸膝，双脚蹬离地面，身体逆时针旋转90度后跳过栏架。落地时，屈髋屈膝缓冲地面的反作用力，同时双臂下摆至体后。

训练目标 **爆发力、协调性、稳定性**
训练部位 **臀部、腿部、核心**
所需器材 **栏架**
主要肌肉 **核心肌群、下肢肌群**

要点提示

● 跳跃和落地过程中，保持膝盖和脚尖一致向前。

3 保持落地姿势1~2秒，然后身体直立。回到起始位置，重复规定的次数。换对侧重复。

● 栏架–交换跳–侧向–无反向

训练目标 **爆发力、协调性、稳定性**
训练部位 **臀部、腿部**
所需器材 **栏架**
主要肌肉 **下肢肌群**

跳起时呼气，落地支撑时吸气。

1 屈髋屈膝，单腿侧对栏架站立，靠近栏架的腿抬离地面，躯干前倾，双臂位于躯干两侧，背部挺直。

2 双臂快速上摆，以手臂带动身体快速伸髋伸膝，起跳脚蹬离地面，侧向跳过栏架。

3 对侧脚落地，同时屈髋屈膝，双臂下摆。保持落地姿势1~2秒，换对侧重复，跳回起始位置。完成规定的次数。

要点提示

- 整个过程中保持核心收紧、腰背挺直。
- 以手臂带动身体快速蹬地发力，伸髋伸膝，完成起跳。
- 蹬地要快速有力，蹬腿和摆臂要协调，强调离地前前脚掌的瞬间蹬地动作。
- 尽力跳至最高点，对侧脚落地。
- 落地时，注意屈髋屈膝缓冲，保持身体稳定。

● 栏架−交换跳−旋转90度−无反向

训练目标 **爆发力、协调性、稳定性**　　**主要肌肉** **下肢肌群**
训练部位 **臀部、腿部**
所需器材 **栏架**

> 手臂向上摆动。准备起跳时吸气，起跳时微微憋气准备发力。

1 屈髋屈膝，单腿侧对栏架站立，靠近栏架的腿抬离地面，躯干前倾，双臂位于体侧，背部挺直。

2 双臂快速上摆，下肢肌群协同发力，快速伸髋伸膝，起跳脚蹬离地面，身体逆时针旋转90度后跳过栏架。

3 对侧脚落地，屈髋屈膝，缓冲地面的反作用力，同时双臂下摆至体侧。保持落地姿势1~2秒，然后起跳脚落地，身体恢复直立。回到起始位置，重复规定的次数。换对侧重复。

要点提示

● 蹬地要快速有力，蹬腿和摆臂要协调，强调离地前脚掌的瞬间蹬地动作。

● 栏架–纵向–高抬腿

要点提示

- 整个过程中保持核心收紧、腰背挺直。
- 逐个跳过栏架的速度要快。
- 重心靠前，前脚掌蹬地的速度要快。
- 触地的一瞬间，后腿髋、膝、踝在一条直线上。
- 手臂协调摆动。

1 并排间隔放置3个栏架，面向第一个栏架站立，双脚分开，约与肩同宽，双臂位于体侧，核心收紧，背部挺直。

2 一侧手臂迅速向前摆动，同时对侧腿尽量上抬，向前跨过第1个栏架。

训练目标　**协调性、灵敏性**
训练部位　**臀部、腿部**
所需器材　**栏架**
主要肌肉　**下肢肌群**

3 跨过栏架的脚着地后迅速蹬地，同时，下肢肌群协同发力，对侧脚上抬，向前跨过第2个栏架。

全程保持均匀呼吸。

4 跨过第2个栏架的脚着地后迅速蹬地发力，同时，下肢肌群协同发力，对侧腿上抬，向前跨过第3个栏架。跨过3个栏架后，双脚着地。回到起始位置，重复规定的次数。

1 纵向间隔放置3个栏架，屈髋屈膝站于第1个栏架左侧，双脚分开，约与肩同宽，躯干前倾，双臂位于体侧，背部挺直。

2 左脚蹬地，右脚向右前方跨一步，落于第1个栏架与第2个栏架之间。右脚着地后，左脚迅速并步收至右脚旁。左脚落地后，右脚随即迅速向右前方跨一步，落于第2个栏架右侧。右脚着地后，迅速收左脚，呈单腿站立姿势，停顿1~2秒。

全程均匀呼吸。

3 右脚蹬地，左脚向左前方跨一步，落于第2个栏架与第3个栏架之间。左脚着地后，右脚迅速并步收至左脚旁。右脚落地后，左脚随即迅速向左前方跨一步，落于第3个栏架左侧。左脚着地后，迅速收右脚，呈单腿站立姿势，停顿1~2秒。恢复直立，回到起始位置，完成规定的次数。

要点提示

- 整个过程中保持核心收紧、腰背挺直。
- 跨步的速度要快。
- 重心靠前，前脚掌蹬地的速度要快。
- 手臂协调摆动。

训练目标 **爆发力、协调性、灵敏性**
训练部位 **臀部、大腿、小腿**
所需器材 **栏架**
主要肌肉 **下肢肌群**

栏架–纵向–Z字–左右并步连续

1 纵向间隔放置3个栏架，屈髋屈膝站于第1个栏架左侧，双脚分开，约与肩同宽，躯干前倾，双臂位于体侧，背部挺直。

2 左脚蹬地，右侧脚向右前方跨一步，落于第1个栏架与第2个栏架之间。右脚着地后，左脚迅速并步收至右脚旁，双脚平行站立。左脚落地后，右脚随即迅速向右前方跨一步，落于第2个栏架右侧。右脚着地后，迅速收左脚，呈单腿站立姿势。

全程均匀呼吸。

3 右脚随即蹬地，左脚向左前方跨一步，落于第2个栏架与第3个栏架之间。左脚着地后，右脚迅速并步收至左脚旁。右脚落地后，左脚随即迅速向左前方跨一步，落于第3个栏架左侧。左脚着地后，迅速收右脚，呈单腿站立姿势。恢复直立，回到起始位置，完成规定的次数。

要点提示

- 整个过程，核心收紧，腰背挺直。
- 跨步的速度要快，全程动作连续。
- 重心靠前，前脚掌蹬地动作速度要快。
- 手臂协调摆动。

训练目标 **爆发力、协调性、灵敏性**
训练部位 **臀部、大腿、小腿**
所需器材 **栏架**
主要肌肉 **下肢肌群**

● 弹力带–站姿–屈腿

训练目标 **力量、平衡性**
训练部位 **大腿**
所需器材 **弹力带**
主要肌肉 **腘绳肌**

抬腿时呼气。

要点提示

● 过程中保持身体稳定、腹部收紧。

● 支撑腿保持稳定，不要乱晃，绑弹力带侧腿保持悬空。

1 双脚并拢站立，双手自然垂于身体两侧。将弹力带一端固定在身体正前方与踝关节同高的某处，另一端绑在一侧脚的脚踝处，保持弹力带有一定的张力。

2 绑弹力带侧腿的大腿后侧肌肉发力，向后屈膝至90度。回到起始姿势，完成规定的次数。换对侧重复。

● 平板支撑–单臂侧平举

全程保持均匀呼吸。

1 身体呈四点支撑的俯撑姿势（双手和双脚脚尖触垫），核心收紧，腰背挺直，保持双手位于肩部的正下方，双手距离与肩同宽，双臂伸直。双脚分开，脚尖触垫支撑。

2 保持腹部收紧，一侧手臂伸直，在水平方向侧平举，举至大约与地面平行，另一侧手保持触垫支撑，保持该姿势至规定的时间。换对侧重复。

要点提示

● 整个动作过程中核心收紧、腰背挺直。

● 单臂侧平举时，躯干保持稳定，减少身体的左右晃动。

训练目标 **稳定性、力量**
训练部位 **核心、肩部**
所需器材 **瑜伽垫**
主要肌肉 **核心肌群、肩部肌群**

● 跪姿-对侧-抬腿伸臂

训练目标	**力量、稳定性**
训练部位	**核心**
所需器材	**瑜伽垫**
主要肌肉	**核心肌群**

全程保持均匀呼吸。

第 4 章　50 米跑测试

要点提示

● 动作过程中保持躯干挺直，手臂上抬、同侧腿后伸至与躯干在同一平面上。

1 呈四足跪姿，俯撑于垫子上，躯干挺直。双手置于肩关节正下方，双膝置于髋关节正下方。

2 躯干保持挺直，腹部收紧，臀部发力，一侧腿向后伸直，同时对侧肩背部发力，手臂上抬，直至手臂、腿与躯干在同一平面上，保持该姿势至规定的时间。换对侧重复。

● 平板支撑-触肩

1 俯卧支撑于垫子上，身体挺直，双脚分开与肩同宽，双臂伸直置于肩关节正下方。

随着动作节奏均匀呼吸。

2 保持身体挺直和稳定，躯干收紧，抬起一侧手触碰对侧肩关节。回到起始姿势，换对侧重复。两侧交替进行，完成规定的次数。

训练目标	**力量、稳定性**
训练部位	**核心、肩部、手臂**
所需器材	**瑜伽垫**
主要肌肉	**核心肌群、上肢肌群**

要点提示

● 动作过程中保持身体挺直与稳定。

坐位体前屈测试

5.1 认识坐位体前屈测试

坐位体前屈测试成绩能反映个体的关节灵活性，肌肉和韧带的弹性、伸展性，是综合评价个体柔韧性的常用指标之一。柔韧性是身体素质和形成运动技能的基础，且贯穿整个儿童和青少年时期[2]。在坐位体前屈测试中，学生的双腿和双臂均需伸直，双脚踩测试纵板，身体前屈，双手匀速推游标，使其滑至极限，此时游标对应的读数即为坐位体前屈测试成绩。需要注意的是，测试纵板内沿平面对应0刻度，靠近学生的一侧为负值，远离学生的一侧为正值。一般来说，个体缺乏锻炼、体质健康水平的下降大多是从柔韧性变差开始的。因此，坐位体前屈测试成绩的变化能在一定程度上反映学生进行体育锻炼的情况。

◎ 影响因素

柔韧性是影响坐位体前屈测试成绩的主要因素。

● 柔韧性

柔韧性指人体在运动过程中完成大幅度运动技能的能力，受关节本身结构特征、关节周围组织的体积和跨关节的韧带、肌腱、肌肉及皮肤的伸展性这几个因素的影响[3]。小腿和大腿后侧、臀部和脊柱周围的肌肉、韧带等结缔组织的伸展性和腹部组织的体积都会影响身体柔韧性，从而影响上半身向前屈的幅度，对坐位体前屈成绩起着决定性的影响。

◎ 测试规则

1 坐于垫上，双脚完全踩在测试纵板上，调整身体位置，使双腿伸直并全程保持。

2 双臂向前伸直，双手带动躯干逐渐前屈，用双手中指指尖将标尺上的游标缓慢地推向前方，直至极限。

双腿全程伸直，膝盖不要屈曲。

◎ 要点提示

● 测试前准备

1 测试前应进行充分的热身，适当拉伸下肢，特别是大腿后侧，以及下背部和肩部的肌肉。

2 身穿宽松的服装。

● 测试时注意

1 测试时，双脚抵在测试纵板的最外侧，双腿不要屈曲。

2 肩部柔韧性较好的学生可使用双臂伸直且双手交叠的姿势。

3 预拉伸并深吸气，然后缓慢呼气并向前俯身，双手缓慢、匀速地向前推游标，不可猛推。

4 测试时，双手均应接触游标。

NO!

不要单手接触游标

不要屈曲膝盖

5.2 坐位体前屈测试针对性提升训练

◎ 综合训练指导

　　柔韧性训练对提升坐位体前屈成绩来说是必不可少的。学生进行柔韧性训练之前，一定要进行热身，以提高肌肉的温度，降低其黏滞性，从而提升训练效果并预防损伤。进行柔韧性训练时，要使目标肌肉具有轻度至中度的牵拉感，并且逐步增大拉伸幅度。需要注意的是，柔韧性的训练效果保持时间较短，要想有效提高柔韧性或维持现有的柔韧性水平，最好每天都进行柔韧性训练。此外，由于学生经常久坐，髋屈肌长期处于收缩的状态，因此还要重视对身体前侧肌肉的拉伸，从而避免肌肉柔韧性不佳和力量的不均衡导致的发育异常。例如，对臀部肌群和大腿后侧肌肉进行拉伸后，还要对髂腰肌、大腿前侧肌肉进行拉伸，以保持骨盆区域前后肌肉的平衡发展。

　　在进行本书推荐的泡沫轴练习时，应把握好按压力度，不能以是否感到疼痛作为评价肌肉放松效果的依据。如果训练时间充裕，可以在进行泡沫轴练习后对相应的肌肉进行静态拉伸练习，每次拉伸的时间约30秒。一些动态拉伸练习和静态拉伸练习的要求基本类似：要循序渐进地增加拉伸的幅度，在拉伸开始和结束时都应让动作慢下来，以防肌肉拉伤。

◎ 典型问题与解决建议

● 柔韧性差

　　与坐位体前屈测试成绩相关度较高的是足底、小腿后侧、大腿后侧、下背部和肩部的柔韧性，教师应指导学生进行有针对性的练习。

◎ 其他注意事项

　　尽量避免久坐。无论是坐着学习还是进行休闲活动，每过一个小时教师都要提醒学生起身活动几分钟。此外，腹部脂肪堆积较多的学生要合理控制饮食，同时多进行体力活动，以适当减轻体重，改善腹部脂肪堆积的情况。

● 筋膜球－足底

训练目标 **柔韧性**
训练部位 **足底筋膜**
所需器材 **筋膜球、瑜伽垫**
主要肌肉 **无**

单腿站立，将非支撑脚置于筋膜球上。前后、左右移动，让筋膜球按压足底所有区域。完成规定的次数或时间，换对侧重复。

要点提示

● 通过调整身体重心来控制按压力度。
● 应使用适中的按压力度。力度太小，则按压效果较差；力度太大，会带来不适感，甚至造成损伤。

● 泡沫轴－臀部肌群－单侧

训练目标 **柔韧性、放松肌肉**
训练部位 **臀部**
所需器材 **瑜伽垫、泡沫轴**
主要肌肉 **臀部肌群**

全程保持均匀呼吸。

1 身体呈坐姿，双臂伸直撑于体后，双臂内旋，手指指向前方，将身体抬离垫面，单腿屈髋屈膝支撑，另一条腿屈曲，置于支撑腿的膝关节上方，泡沫轴置于臀部下方。

2 移动身体，使泡沫轴在一侧臀部来回滚动，滚动时在肌肉酸痛点上停留一定的时间。完成规定的次数或时间，换对侧重复。

要点提示

● 滚动泡沫轴时收紧核心，重点体会臀部肌群的按压感。

● 早安式弓步

训练目标　**柔韧性**
训练部位　**臀部、腿部**
所需器材　**无**
主要肌肉　**核心肌群、下肢肌群**

要点提示

● 起身时吸气，俯身时呼气。

动作过程中，躯干始终保持直立。

1 身体呈直立姿势，双脚分开，距离小于肩宽，挺胸直背，下颌微收，双臂自然垂于身体两侧。

2 保持一只脚不动，另一只脚向前方迈出，屈膝屈髋，呈弓步姿势，后侧腿蹬直。

3 俯身至躯干大致与地面平行，双臂自然垂于肩部下方。保持2~3秒，回到起始姿势。重复规定的次数或时间。换对侧重复。

● 跨栏拉伸

随着拉伸幅度增大，增加呼吸深度。

1 坐于垫上，躯干挺直，一侧腿伸直，脚尖向上，另一侧腿屈膝屈髋并外展，用脚掌触碰对侧腿的大腿内侧，双手放于身前。

2 俯身，双手沿着伸直腿前移，直至伸直腿后侧和下背部有牵拉感，保持该姿势至规定的时间。换对侧重复。

训练目标　**柔韧性**
训练部位　**腿部、背部**
所需器材　**瑜伽垫**
主要肌肉　**腘绳肌、背部肌群**

要点提示

● 牵拉感因人而异，可在动作基础上自行调整双手位置。

● 弹力带–仰卧–腘绳肌拉伸

训练目标　**柔韧性**
训练部位　**腿部**
所需器材　**瑜伽垫、弹力带**
主要肌肉　**腘绳肌**

全程保持均匀呼吸。

要点提示

- 动作过程中，保持背部紧贴垫面。
- 拉伸过程中，双脚始终伸直，踝关节背屈，非拉伸腿不要离开瑜伽垫。

身体呈仰卧姿势，拉伸腿伸直，将弹力带中段固定在拉伸腿的脚掌处，上举拉伸腿至与地面垂直，双手握住弹力带的两端，保持弹力带有一定的张力。双臂下拉弹力带，下压脚掌，拉伸腘绳肌，保持该姿势至规定的时间。换对侧重复。

● 泡沫轴–臀中肌

全程保持均匀呼吸。

1 身体呈坐姿，一侧手撑地，将身体抬离垫面，同侧腿伸直，对侧腿屈膝，对侧脚撑垫，泡沫轴置于同侧臀部下方，对侧手置于对侧腿的膝关节处，身体偏向伸直腿一侧。

2 移动身体，使泡沫轴在同侧臀部来回滚动，滚动时在肌肉酸痛点上停留一定的时间。完成规定的次数或时间，换对侧重复。

训练目标　**柔韧性、放松肌肉**
训练部位　**臀部**
所需器材　**瑜伽垫、泡沫轴**
主要肌肉　**臀中肌**

要点提示

- 滚动泡沫轴时收紧核心，重点体会臀中肌的按压感。

● 相扑式深蹲–腘绳肌拉伸

训练目标 **柔韧性**
训练部位 **腿部**
所需器材 **无**
主要肌肉 **腘绳肌**

全程保持均匀呼吸。

第 5 章 坐位体前屈测试

要点提示

● 下蹲时，膝关节不要超过脚尖。

1 双脚开立，与肩同宽，挺胸直背，目视前方，双臂自然垂于身体两侧。

2 屈髋屈膝下蹲，双手从两侧膝关节内侧通过并分别握住同侧脚的脚尖。

3 双手不动，躯干前倾，伸膝使双腿伸直，臀部上提至大腿后侧有一定程度的牵拉感。交替蹲下、站起，完成规定的次数或时间。

● 弓步拉伸–小腿

训练目标 **柔韧性**
训练部位 **小腿**
所需器材 **无**
主要肌肉 **腓肠肌**

全程保持均匀呼吸。

要点提示

● 脚跟不要离地。

身体呈直立姿势，然后双脚前后分开，前侧腿屈膝，后侧腿伸直，呈弓步姿势。双手扶住前侧膝关节，重心慢慢前移，至腓肠肌有一定程度的牵拉感。保持该姿势至规定时间。换对侧重复。

● 腘绳肌被动拉伸-单腿屈髋

训练目标 **柔韧性**
训练部位 **大腿**
所需器材 **无**
主要肌肉 **腘绳肌**

> 髋关节屈曲时呼气，还原时吸气。

要点提示

● 拉伸腿尽可能伸直。

1 一侧脚在前、另一侧脚在后站立，前脚脚跟撑地，同侧腿尽量伸直，另一侧腿屈膝支撑身体，双手置于后腿膝关节上方，目视前方。

2 前侧腿不动，身体前倾至腘绳肌有一定程度的牵拉感，保持该姿势至规定的时间。换对侧重复。

● 燕式平衡-腘绳肌拉伸

训练目标 **柔韧性**
训练部位 **大腿**
所需器材 **无**
主要肌肉 **腘绳肌**

> 随着拉伸幅度增大，增加呼吸深度。

要点提示

● 俯身时，尽量保持头、臀、踝在一条直线上。

1 呈站姿，腹部收紧，躯干挺直，目视前方。

2 一侧脚向前迈一小步，俯身并向后抬起对侧腿，同时该侧臀部收紧，尽量保持头部、臀部与抬起侧脚的脚踝在一条直线上。双臂侧平举，双手握拳，大拇指伸直且始终朝上，整个拉伸动作持续1~2秒。放下抬起侧腿并朝前迈一小步，换对侧重复。双腿交替进行，完成规定的次数或距离。

● 向后分腿蹲–腘绳肌拉伸

全程保持均匀呼吸。

1 双脚并拢站立，挺胸直背，目视前方，手臂自然垂于身体两侧。一侧脚向后迈，前侧腿屈髋屈膝，下蹲至大腿几乎与地面平行，后侧腿的膝关节撑地。双臂伸直举过头顶，脊柱向后伸展。

2 双臂向下伸展，双手置于前脚后方的两侧，伸直双腿膝关节至大腿后侧有一定的牵拉感。回到起始姿势，换对侧重复。重复规定的次数或时间。

要点提示

● 双臂上举时伸直贴耳。
● 躯干前倾至双手可置于前脚后方的两侧。

训练目标 **柔韧性**
训练部位 **腿部、髋部**
所需器材 **无**
主要肌肉 **下肢肌群**

71

立定跳远测试

6.1 认识立定跳远测试

　　立定跳远测试成绩是评价学生下肢爆发力和身体协调能力的指标。爆发力又被称为速度力量，是肌肉快速收缩产生加速度的能力，能使个体在最短时间内移动尽可能远的距离。立定跳远测试成绩还可以有效地反映个体手臂、躯干和腿部不同部位的肌肉间的相互配合与协调能力，而这一能力是影响学生体质健康的重要因素[2]。立定跳远测试简单易行，且体育锻炼能有效提升该测试成绩，因此有利于促进学生参与体育锻炼，同时被广泛用于评估下肢的爆发力。在立定跳远测试中，学生起跳时不能踩线、垫步或连跳；测试成绩为起跳线与落地后身体距起跳线最近一点之间的距离，因此如落地不稳，学生应尽量向前移动。

◎ 影响因素

　　立定跳远是一个涉及双腿蹬地、双臂摆动和身体在空中展开后折叠等内容的技术动作，对相关部位的力量、爆发力、不同部位的肌肉之间的配合、整体动作的连贯性等有一定的要求，因此立定跳远测试成绩主要受腿部和手臂力量与爆发力、腰腹力量和协调性等因素的影响。

● 腿部力量与爆发力

　　在立定跳远测试中，学生主要通过双腿用力向后蹬的动作获得向前、向上的动力，腿部力量与爆发力的大小对其所获得的动力大小起决定性作用。

● 手臂力量与爆发力

　　在起跳阶段，双臂向前、向上摆动，这会使身体向地面施加向后、向下的力，学生从而获得地面施加给身体的向前、向上的反作用力，这有助于增加学生跳跃的高度和距离。双臂向前、向上摆动的速度越快，来自地面的反作用力就越大。增强手臂力量与爆发力有助于加快双臂的摆动速度。

● 腰腹力量

　　学生在腾空阶段需要利用腰腹力量将身体展开后折叠，使双腿尽可能地向前伸，从而落在距起跳线更远的地方。此外，较强的腰腹力量还有助于学生在落地时保持身体稳定，以防摔倒受伤或使跳跃的有效距离缩短。

● 协调性

　　在立定跳远测试中，只有身体各个部位完美配合，才能使立定跳远这一技术动作完成得流畅、连贯，从而充分利用来自地面的反作用力，因此立定跳远测试成绩必然受协调性的影响。

◎ 测试规则

1 站于起跳线后方，双脚开立，与肩同宽，脚尖不得踩线。

2 双臂先充分地向上抬，然后用力地向后、向下摆，双腿屈髋屈膝下蹲，随即双脚同时向前、向上跳，手臂向上摆。

3 落地时屈髋屈膝，保持身体稳定。

> 双脚开立，脚尖不得踩线。

◎ 要点提示

● 测试前准备

1 测试前应进行充分的热身。

2 穿合适的运动服和运动鞋。

● 测试时注意

1 在预备姿势中，脚尖朝前，双脚不要呈"外八"或"内八"。

2 向后、向下摆双臂并下蹲，随即向前、向上摆双臂并起跳，动作应连贯。

3 双臂向前、向上摆时起跳，身体在空中充分伸展。

4 落地前身体折叠，双腿向前伸，双臂向后、向下摆。身体折叠的幅度应适中，幅度过小则落地点距起跳线较近，过大则落地时易摔倒，二者均会影响立定跳远测试成绩。

◎ 立定跳远技术学习

● 预备姿势

双脚开立，与肩同宽，脚尖朝前，双臂充分向上抬。

● 预摆起跳

双臂用力地向后、向下摆，同时屈髋屈膝，下蹲至大腿与地面的夹角约为45度，随即双臂快速、有力地向前、向上摆，双脚前脚掌迅速蹬地并起跳。

● 腾空阶段

起跳的瞬间，充分伸髋伸膝，身体充分伸展，通过腾空的最高点后屈髋并收腹，使身体快速折叠，双腿尽可能向前伸。

● 落地阶段

脚跟先着地，屈髋屈膝缓冲，上半身向前倾，保持身体的平衡稳定。

◎ 综合训练指导

　　立定跳远测试是一个短时爆发性项目，完全依靠磷酸原系统供能，因此相关训练也应以爆发性的短时训练为主。此外，立定跳远测试对技术动作的要求较高，因此在平时的训练中，教师要强调掌握正确技术的重要性，例如，强调在预摆起跳的双腿蹬伸阶段正确摆臂的重要性，可以让学生分别尝试正确摆臂、不摆臂和错误摆臂的动作，体会不同动作之间的区别，这还有助于发展学生自主探究的主动性，从而提高学生在训练时的专注度与积极性。学生在练习涉及摆臂的动作时，需要注意摆臂的力度和幅度，而不只是简单地完成这个动作。另外，处于生理期的女生应尽量避免进行跳跃或幅度过大的练习，避免给身体造成负面影响。

◎ 典型问题与解决建议

● 预备姿势错误

　　预备姿势错误会影响起跳姿势，导致整体动作变形。在预备姿势中，切勿出现双脚"内八"或"外八"、踮脚、身体重心过高或过低等现象。有这类问题的学生应多进行立定跳远练习。练习时要牢记预备姿势的要点，体会正确姿势与错误姿势的不同。此外，教师应在模拟测试和正式测试前反复提醒学生预备姿势的要点。

● 摆臂动作不标准

　　一些学生起跳时双臂未充分向前、向上摆，甚至向后摆，这些都是常见的不标准的摆臂动作。教师可以通过跪姿纵跳、原地纵跳等训练，强化摆臂动作要点，帮助学生找到起跳的感觉，从而解决这一问题。

● 身体伸展、折叠的幅度不够

　　在腾空阶段身体未充分伸展，在通过最高点后身体未折叠、双腿未向前伸，都会影响立定跳远测试成绩。出现这种情况很可能是因为学生的核心和下肢肌肉力量不足。学生可以通过加强核心力量训练、下肢力量和爆发力训练来解决该问题。

● 落地时站不稳

　　落地时重心太靠前或太靠后、双腿未做好缓冲容易导致落地时站不稳，影响立定跳远测试成绩。正确的落地动作是，脚跟先着地，屈髋屈膝缓冲，上半身向前倾，保持身体的平衡稳定。教师可以在训练中适当增加立定跳远练习，注意学生的落地动作，并反复提醒学生落地动作的要领。

● 立定跳远

起跳前微微憋气准备发力。

跳起时呼气。

落地时吸气。

1 双脚开立，与肩同宽，双臂前后摆动。前摆时，双腿伸直；后摆时，屈髋屈膝，降低重心，上体稍前倾，手尽量往后摆。

2 下肢肌群协同发力，双脚快速用力蹬地，同时双臂由后往前、往上摆动（双肩要充分上提），双脚向前、向远处跳出，并充分伸展身体。在腾空阶段，身体充分伸展，双臂上举。在通过最高点后，迅速收腹，双腿尽量前伸，尽可能延长腾空时间，以到达尽可能远的落地点。

3 落地时，双脚脚跟先着地，然后迅速过渡到全脚掌着地，同时屈髋屈膝缓冲。完成规定的次数或距离。

训练目标 **爆发力**
训练部位 **腿部**
所需器材 **无**
主要肌肉 **下肢肌群**

要点提示

● 上下肢协调配合，双臂摆动时"一伸二屈降重心"，上体稍前倾。

● 蹬地要快速有力，蹬腿和摆臂要协调，强调离地前前脚掌的瞬间蹬地动作。

● 小腿前伸的时机要把握好，屈腿前伸、臂后摆，落地后身体向前不向后。

● 立定后跳

训练目标	爆发力
训练部位	大腿、小腿
所需器材	无
主要肌肉	下肢肌群

要点提示

● 起跳后，身体充分伸展，核心收紧，躯干减少晃动，跳至最高点。

双腿蹬伸、双臂摆动时呼气。

1 两脚开立，约与肩同宽。身体呈标准站姿，核心收紧，腰背挺直。

2 俯身向下，顺势屈髋屈膝，向后蹬地发力并向后跳起，身体在空中充分伸展，同时双臂上摆。在通过最高点后下落。

3 落地时，双脚脚跟先着地，然后迅速过渡到全脚掌着地，同时屈膝以缓冲。完成规定的次数。

● 纵向-单腿跳

训练目标	力量、爆发力、稳定性
训练部位	臀部、腿部
所需器材	无
主要肌肉	臀部肌群、下肢肌群

跳起时呼气，落地时吸气。

要点提示

● 站立侧腿的膝关节不要过脚尖，保持身体平衡。

1 单腿站立，屈髋屈膝，躯干前倾，背部平直，腹部收紧，双臂置于身体两侧后方。

2 手臂快速向上摆动，支撑腿伸髋伸膝，向前、向上跳起。落地时屈髋屈膝，与起始姿势一致。完成规定的次数或距离，换对侧重复。

● 锥桶–侧向障碍跳

训练目标 **灵敏性、爆发力、稳定性**
训练部位 **臀部、腿部**
所需器材 **锥桶**
主要肌肉 **下肢肌群**

要点提示

● 核心收紧，落地时保持稳定。

跳起时呼气。

1 双脚与两个锥桶在一条直线上，两个锥桶相距约50厘米，双脚距离第1个锥桶约15厘米。双脚分开，略小于肩宽。下肢肌肉发力，双脚蹬地，侧向跳过第1个锥桶。

2 落地脚随即跳过第2个锥桶。屈髋屈膝落地，然后反向跳回起始位置。重复来回侧向跳跃，完成规定或时间或跳过规定数量的锥桶。

● 弹力带–站姿–半蹲侧向走

训练目标 **力量、稳定性**
训练部位 **大腿、臀部**
所需器材 **弹力带**
主要肌肉 **臀部肌群、大腿肌群**

要点提示

● 动作过程中保持重心稳定，背部挺直。

全程保持均匀呼吸。

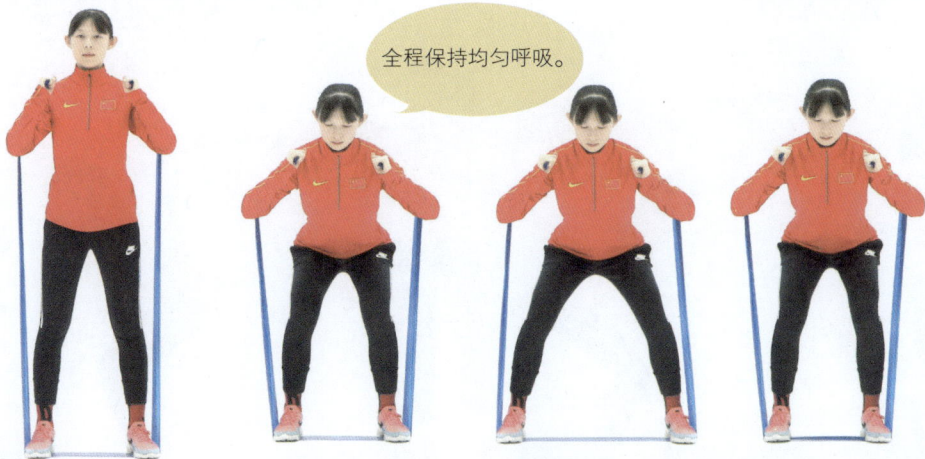

1 双脚开立，距离约与肩同宽。将弹力带中段固定在双脚下，双手握住弹力带的两端。双臂屈肘且微微向身体两侧打开，双手位于肩关节的正前方，弹力带从身体后侧绕过上臂并保持一定的张力。双臂保持稳定，身体向下半蹲。

2 上肢及躯干保持稳定，下肢肌肉发力，双腿交替向一侧行走。侧向移动规定的时间或距离。换对侧重复。

● 旋转跳90度-呈稳定性支撑

訓練目标　**力量、爆发力、稳定性**
訓練部位　**臀部、腿部**
所需器材　**无**
主要肌肉　**臀部肌群、下肢肌群**

跳起时呼气，落地时吸气。

要点提示

● 下蹲时膝关节不要超过脚尖，保持身体平衡。

1 双脚开立，约与肩同宽，背部平直，腹部收紧，双臂自然垂于身体两侧。

2 屈髋屈膝下蹲，然后手臂快速向上摆动，双脚蹬离地面，伸髋伸膝，身体向一侧旋转90度。落地时，屈髋屈膝缓冲。回到起始姿势，完成规定的次数或时间。

● 旋转跳180度-呈稳定性支撑

訓練目标　**力量、爆发力、稳定性**
訓練部位　**臀部、腿部**
所需器材　**无**
主要肌肉　**臀部肌群、下肢肌群**

要点提示

● 下蹲时膝关节不要超过脚尖，保持身体平衡。

跳起时吸气，落地时呼气。

1 双脚开立，与肩同宽，背部平直，腹部收紧，双臂自然垂于身体两侧。

2 屈髋屈膝下蹲，然后手臂向上快速摆动，双脚蹬离地面，伸髋伸膝，身体向一侧旋转180度。落地时，屈髋屈膝缓冲。回到起始姿势，完成规定的次数或时间。

● 原地纵跳

训练目标 **爆发力**
训练部位 **腿部、臀部**
所需器材 **无**
主要肌肉 **下肢肌群**

起跳前微微憋气，准备发力。

双臂后摆时吸气。

双臂上举时呼气。

1 两脚开立，约与肩同宽。屈髋屈膝下蹲，降低重心，上半身稍前倾，双臂尽量往后摆。

2 下肢肌群协同发力，两脚快速用力蹬地，同时双臂由后向前、向上摆动（两肩要充分上提），垂直起跳。在腾空阶段，双臂上举，身体充分伸展。在通过最高点后落回原地。

要点提示

● 上下肢协调配合，双臂摆动时"一伸二屈降重心"，上体稍前倾。

● 蹬地要快速有力，蹬腿和摆臂要协调，强调离地前前脚掌的瞬间蹬地动作。

● 起跳后，身体充分伸展，跳至最高点。

3 落地时，双脚前脚掌先着地，之后迅速过渡到全脚掌着地，并屈髋屈膝以缓冲。回到起始姿势，完成规定的次数。

● 徒手蹲–双脚跳

下蹲时吸气，跳起时呼气。

训练目标 **力量、爆发力**
训练部位 **臀部、腿部**
所需器材 **无**
主要肌肉 **臀部肌群、下肢肌群**

要点提示

● 核心收紧，背部平直，膝关节不要超过脚尖。

1 双脚开立，略大于肩宽，挺胸直背，腹部收紧，双手抱于头后。屈髋屈膝下蹲。

2 伸髋伸膝，向上跳起，落地时，屈髋屈膝缓冲。回到起始姿势，重复规定的次数或时间。

● 弹力带–抗阻起跳

训练目标 **爆发力**
训练部位 **臀部、腿部**
所需器材 **弹力带、踏板**
主要肌肉 **全身**

跳跃时呼气，落地时吸气。

要点提示

● 动作过程中保持核心收紧，落地时保持身体稳定，膝盖和脚尖一致向前。

1 将弹力带两端固定在身体正后方的低处，中段绕过腹部。站在踏板后方，身体呈基本运动姿势，保持弹力带有一定的张力。

2 下肢肌群协同发力，伸髋伸膝，抗阻向上跳起。双脚落在踏板上，落地缓冲后身体保持基本运动姿势。回到起始位置，重复规定的次数。

● 栏架–单脚跳–侧向–向外–有反向

手臂向下摆动，预蹲时呼气。

手臂向上摆动，准备起跳时吸气。

1 身体直立，单腿侧向栏架站立，远离栏架一侧的腿抬离地面，双臂举过头顶。

2 屈髋屈膝下蹲，同时双臂快速下摆至体后。然后，双臂快速上摆，下肢肌群协同发力，快速伸髋伸膝，起跳脚蹬离地面，侧向跳过栏架。起跳脚单脚落地，同时屈髋屈膝，双臂下摆。保持落地姿势1~2秒，然后双脚站立，恢复直立。回到起始姿势，重复规定的次数。换对侧重复。

训练目标 **爆发力、协调性、稳定性**
训练部位 **臀部、腿部**
所需器材 **栏架**
主要肌肉 **臀部肌群、下肢肌群**

要点提示

- 整个过程中保持核心收紧、腰背挺直。
- 以手臂带动身体，快速蹬地发力，伸髋伸膝，完成起跳。
- 蹬地要快速有力，蹬腿和摆臂要协调，强调离地前前脚掌的瞬间蹬地动作。
- 落地时，注意屈髋屈膝缓冲，保持身体稳定。

● 栏架–单脚跳–旋转–向内–双接触–90度

跳跃时呼气，落地时吸气。

训练目标 **爆发力、协调性、稳定性**
训练部位 **臀部、腿部、核心**
所需器材 **栏架、跳箱**
主要肌肉 **核心肌群、臀部肌群、下肢肌群**

1 并排放置跳箱与栏架，保留一定间隔。单腿直立侧向站于跳箱边缘，靠近栏架一侧的腿悬空，双臂自然下垂于体侧。

2 身体下落于跳箱与栏架之间，下落时，远离栏架一侧的脚着地，屈髋屈膝的同时，双臂下摆至体侧。

要点提示

● 跳跃和落地过程中控制膝盖和脚尖一致向前。

3 双臂快速上摆，小腿、大腿前侧和臀部发力，快速伸髋伸膝，起跳脚蹬离地面，身体顺时针旋转90度跳过栏架。起跳脚单脚落地，同时屈髋屈膝，双臂下摆。保持落地姿势1~2秒，然后双脚站立，身体恢复直立。回到起始姿势，完成规定的次数。换对侧重复。重复规定的次数。

● 栏架–双变单–纵向–双接触

训练目标 **爆发力、协调性、稳定性**
训练部位 **臀部、腿部**
所需器材 **栏架、跳箱**
主要肌肉 **臀部肌群、下肢肌群**

起跳前微微憋气
准备发力。

1 并排放置跳箱与栏架，保留一定间隔。单腿直立，面向栏架站于跳箱边缘，另一侧腿向前微微屈髋，悬空，双臂自然下垂于体侧。

2 身体自然下落于跳箱与栏架之间，双脚同时着地，屈髋屈膝的同时，双臂下摆至体后。

3 双臂快速上摆，下肢肌群协同发力，快速伸髋伸膝，双脚蹬离地面，向前跳过栏架。

4 一开始的悬空脚落地，屈髋屈膝，缓冲地面的反作用力，同时双臂下摆至体后。保持落地姿势1~2秒。回到起始姿势，完成规定的次数。换对侧重复。

要点提示

- 整个过程中保持核心收紧、腰背挺直。
- 以手臂带动身体，快速蹬地发力，伸髋伸膝，完成起跳。
- 蹬地要快速有力，蹬腿和摆臂要协调，强调离地前前脚掌的瞬间蹬地动作。
- 落地时，注意屈髋屈膝缓冲，保持身体稳定。

● 弹力带-深蹲跳

主要肌肉 下肢肌群、核心肌群

训练目标 爆发力、力量
训练部位 核心、臀部、腿部
所需器材 弹力带

> 跳起时呼气。

1 双脚开立，距离与肩同宽。将弹力带中段固定在身体正前方的高处，双手分别握住弹力带的两端。双臂伸直并于身前微微平行上抬，保持弹力带有一定的张力。

2 屈髋屈膝，身体向下做深蹲，双臂自然伸直下摆至身体两侧。然后臀部和下肢肌肉发力，身体迅速跳起，双臂自然上摆至头部两侧。回到起始姿势，重复规定的次数或时间。

要点提示
● 动作过程中保持身体稳定、腹部收紧。

● 弹力带-双腿半蹲

> 起身时呼气。

训练目标 力量
训练部位 腿部、臀部
所需器材 弹力带
主要肌肉 大腿肌群、臀部肌群

要点提示
● 动作过程中保持腹部收紧、背部挺直，膝盖尽量不要超过脚尖。双臂相对躯干固定，臀部和下肢肌肉发力。

双脚开立，约与肩同宽。将弹力带中段固定在双脚下，双手分别握住弹力带的两端。双臂向后屈肘，双手置于腰部两侧，保持弹力带有一定的张力。身体向下半蹲。回到起始姿势，重复规定的次数或时间。

1 分钟仰卧起坐测试

7.1 认识1分钟仰卧起坐测试

1分钟仰卧起坐测试是评价腹部肌群力量和速度耐力的常用测试之一。腹部肌群位于人体的核心区域，会对人的整体运动能力产生一定的影响。通过1分钟仰卧起坐测试，教师能够监测学生腹部肌群的力量和速度耐力，有助于及时发现他们核心肌肉力量不足的问题，引导他们积极地进行相关锻炼。在1分钟仰卧起坐测试中，学生应仰卧屈膝，固定双脚，起身时双肘触及或超过双膝，落地时两侧肩胛骨触垫。在起身的过程中，学生不应用双肘撑垫或使臀部离垫。值得注意的是，学生在进行1分钟仰卧起坐测试时切忌双手用力抱头，否则会对颈椎产生一定的伤害。

◎ 影响因素

1分钟仰卧起坐测试成绩主要受腹部肌群力量和速度耐力的影响。

● 腹部肌群的速度耐力

与在50米跑、1分钟跳绳中需要尽可能持久地保持最快速度一样，若能在做仰卧起坐的1分钟内保持高功率输出，以尽可能快的速度重复正确的动作，1分钟仰卧起坐测试的成绩自然较好。

◎ 测试规则

① 测试者按照测试人员的要求，将计数的装置放置在规定的位置；仰卧于垫上，双腿稍稍分开，双膝屈曲约90度；双手手指交叉，置于头部后方；调整自己的位置，让自己更加舒服。

② 听到开始口令后，抬起上半身至双肘触及或超过双膝，然后恢复仰卧姿势，这样是完成1次，1分钟内完成尽可能多的次数；注意，抬起上半身时臀部不能离垫，恢复仰卧姿势时两侧肩胛骨必须触垫。

③ 1分钟计时结束时，如上半身未抬起或上半身已抬起但双肘未触及（或超过）双膝，则该次不被计数。

◎ 要点提示

● 测试前准备

① 测试前应进行充分的热身，激活腹部肌群。

② 穿宽松的服装。

● 测试时注意

① 双肘可彼此靠近，但双手不要用力抱头，否则容易对颈部造成损伤。

② 规避易犯规点：抬起上半身时双肘撑地、臀部离垫、双肘未触及或超过双膝；恢复仰卧姿势时两侧肩胛骨未触垫。出现以上任意一种情况，该次不被计数。

③ 卷腹、屈髋，抬起上半身时呼气，向下恢复仰卧姿势时吸气，避免憋气。

NO!

臀部不要离垫

起身时不要憋气

不要用力抱头

7.2 1分钟仰卧起坐测试针对性提升训练

◎ 综合训练指导

想要提高学生1分钟仰卧起坐测试的成绩，需要加强他们腹部肌群的力量和速度耐力。但是，切忌只锻炼腹部肌群。人是一个整体，前后左右的肌肉力量和紧张度应均衡发展，因此锻炼腹部肌群的同时绝不能忽视对背部肌群的锻炼。可以将腹部肌群和背部肌群看作一前一后附着在骨盆上的两条绳子，若前者的力量强于后者，前侧的"绳子"就会将骨盆前侧向上拉，从而导致骨盆后倾，影响学生正常的生长发育。

处于青春期初期的学生，其骨骼和肌肉的发育速度较快，血管的发育速度偏慢，这很容易导致心脏在运动中承受过大的负担，因此在学生训练的过程中，教师要提醒他们保持均匀呼吸，千万不能憋气，否则会导致腹腔气压升高、血压升高，进而给心脏带来较大的负担。尤其是在进行包含卷腹动作的练习时，教师应提醒学生腹部用力、起身时呼气，恢复至起始姿势时吸气，还可以让他们将双手抱于胸前或轻捏耳朵，以免双手给予颈椎过大的压力，造成损伤。此外，随着七至九年级学生神经系统功能的完善，他们对身体的感知能力和控制能力逐渐增强，因此在他们进行这类练习时，教师可以在他们脚下放一张纸，要求他们全程用力踩这张纸，这样有助于在卷腹的过程中使大腿后侧肌肉发力，而抑制大腿前侧肌肉发力，从而提高卷腹练习对腹部肌群的刺激程度。针对腹部的两次训练最好间隔24小时以上，让肌肉有充足的休息时间。

需要注意的是，女生处于生理期时最好不要进行腹部练习，以免腹压升高，对身体造成负面影响。

◎ 典型问题与解决建议

● 动作不规范

部分七至九年级学生具有该问题。在平时的练习中，教师应反复强调动作要点，要求学生严格遵守测试规范，同时多进行模拟测试，让他们在快速做动作的同时保证动作合乎标准。此外，正式测试前的要点提示不可缺少。

● 腹部肌群的速度耐力不够

腹部肌群的速度耐力不够使学生无法在1分钟内以标准的动作完成理想的次数，这是1分钟仰卧起坐测试成绩不佳的根本原因。因此，教师应指导学生进行适当的腹部肌群速度耐力训练。

● 90秒仰卧起坐

训练目标 **力量、速度耐力**　　所需器材 **秒表、瑜伽垫**
训练部位 **腹部**　　　　　　　主要肌肉 **核心肌群**

起身时呼气，下落时吸气。

要点提示

● 起身过程中，双肘不可触地，臀部不可离垫。
● 双手不可用力，否则可能导致颈部损伤。
● 起身时不可憋气。
● 此练习的目的是提升学生在 1 分钟仰卧起坐测试后半程的动作速度和准确率，所以学生应全程以一个较快的速度（以接近测试时的速度为佳）进行仰卧起坐。

1 仰卧，双膝屈曲，双脚放在垫上。双肘屈曲，双手置于头部后方。

2 利用腹部力量，拉起上半身至双肘触及或超过双膝，然后将上半身落至两侧肩胛骨触垫。上半身起至双肘触及或超过双膝后落至两侧肩胛骨触垫为完成1次。在90秒内，以较快的速度进行仰卧起坐。

● 卷腹

卷腹时呼气，还原时吸气。

1 仰卧于垫上，躯干挺直，屈髋屈膝，双脚全脚掌触垫，双手放于身体两侧。

2 腹部收紧，卷腹抬起上半身至最大限度，双手顺势向前、向上移动。回到起始姿势，完成规定的次数。

训练目标 **力量**
训练部位 **腹部**
所需器材 **瑜伽垫**
主要肌肉 **核心肌群**

要点提示

● 腹部收紧，卷腹抬起上半身至最大限度，双手顺势向前、向上移动。

● 弹力带–仰卧–半程卷腹

训练目标　**力量**
训练部位　**腹部**
所需器材　**瑜伽垫、弹力带**
主要肌肉　**核心肌群**

1 身体呈仰卧姿势，屈膝，双脚撑于垫上。将弹力带的一端固定在背后，双手于头顶握住另一端，保持弹力带有一定的张力。

卷腹时呼气，还原时吸气。

2 双臂及双手保持稳定，腹部发力，向上做半程卷腹动作，注意避免头向前伸。回到起始姿势，完成规定的次数或时间。

要点提示

● 动作过程中，保持下背部紧贴垫面。

● 弹力带–仰卧–卷腹

训练目标　**力量**
训练部位　**腹部**
所需器材　**瑜伽垫、弹力带**
主要肌肉　**核心肌群**

1 身体呈仰卧姿势，屈膝，双脚撑于垫上。将弹力带的一端固定于头顶上方的高处，双手握住另一端。双臂向上伸直至与地面垂直，保持弹力带有一定的张力。

卷腹时呼气，还原时吸气。

要点提示

● 动作过程中，保持下背部紧贴垫面。

2 双臂与躯干间的角度尽量保持不变，腹部发力，向上做卷腹动作。回到起始姿势，完成规定的次数或时间。

● **对角线卷腹**

训练目标 **力量**　　主要肌肉 **核心肌群**
训练部位 **腹部**
所需器材 **瑜伽垫**

> 卷腹时呼气，还原时吸气。

1 仰卧于垫上，躯干挺直，屈髋屈膝，双脚全脚掌触垫，双手自然置于大腿上。

2 腹部收紧，卷腹的同时向一侧旋转。回到起始姿势，换对侧重复。重复规定的次数或时间。

要点提示

● 动作过程一定要保证核心收紧、颈部放松。

● **平躺收腹**

> 全程保持均匀呼吸。

1 平躺于垫上，双臂屈曲外展，双手放于头后，屈髋屈膝，双脚分开。

2 腹部肌群收紧，背部紧贴垫面。回到起始姿势，完成规定的次数。

训练目标 **稳定性**
训练部位 **核心**
所需器材 **瑜伽垫**
主要肌肉 **核心肌群**

要点提示

● 体会腹部肌群的收缩。

● 药球-仰卧起坐

训练目标　**力量**　　主要肌肉　**核心肌群**
训练部位　**核心**
所需器材　**瑜伽垫、药球**

1 仰卧于垫上，双腿屈曲，双脚脚跟撑地。双手持药球于胸前，双肘屈曲。

2 利用腹部的力量拉起躯干至药球触碰膝关节。回到起始姿势，完成规定的次数。

全程保持均匀呼吸。

要点提示

● 核心收紧，颈部不要发力。

● 仰卧-双肘碰膝

训练目标　**力量**
训练部位　**腹部**
所需器材　**瑜伽垫**
主要肌肉　**核心肌群**

1 身体呈仰卧姿势，整个躯干紧贴垫面，双手交叉置于头后。双脚全脚掌触垫，双腿屈膝至大腿与小腿之间的夹角约为90度。

2 保持腹部收紧，卷腹使整个躯干离垫，至双肘触碰膝关节。抱头不要用力过度，以免头部代偿。回到起始姿势，完成规定的次数。

发力时呼气，还原时吸气。

要点提示

● 动作过程中收紧腹部，避免头部代偿。

仰卧-对侧肘碰膝

训练目标	**力量**	所需器材	**瑜伽垫**
训练部位	**腹部**	主要肌肉	**核心肌群**

1 身体呈仰卧姿势，整个躯干紧贴垫面，双手交叉置于头后。一侧腿屈膝约90度，全脚掌触垫。另一侧腿屈膝，将脚搭在支撑腿的膝部。

收腹转体时呼气，还原时吸气。

2 保持腹部收紧，抬起颈部的同时屈髋卷腹，使整个躯干离开垫面。同时躯干向非支撑腿侧转体，至支撑腿侧手肘触碰非支撑腿的膝部。回到起始姿势，重复规定的次数。

3 换对侧重复。

要点提示

● 动作过程中收紧腹部，避免头部代偿。

仰卧-剪刀腿交叉

训练目标	**力量**	主要肌肉	**核心肌群**
训练部位	**核心**		
所需器材	**瑜伽垫**		

1 身体呈仰卧姿势，双腿伸直并拢，脚尖勾起，双臂伸直，自然放于身体两侧。

2 保持腹部收紧，直腿屈髋，使双腿离开地面，至双腿与地面的夹角约为15度。

发力时呼气，还原时吸气。

3 双腿悬空并交替上下交叉，呈剪刀状。完成规定的次数或时间。

要点提示

● 动作过程中保持腹部收紧，背部贴垫。

● 仰卧-手摸同侧脚跟

训练目标 **力量**　　主要肌肉 **核心肌群**
训练部位 **腹部**
所需器材 **瑜伽垫**

1 身体呈仰卧姿势，双臂伸直，自然放于身体两侧，双腿屈膝，双脚全脚掌触垫。

2 腹部发力，微抬起头部的同时屈髋卷腹，使上背部离开地面，同时伸一侧手触碰同侧脚的脚跟。换对侧重复动作。两侧交替进行，完成规定的次数。

收腹侧屈时呼气，还原时吸气。

要点提示

● 动作过程中收紧腹部，避免头部代偿。

● 仰卧-手摸对侧脚尖

训练目标 **力量**
训练部位 **腹部**
所需器材 **瑜伽垫**
主要肌肉 **核心肌群**

1 身体呈仰卧姿势，双腿伸直并拢，脚尖勾起，双臂伸直，自然放于身体两侧。

2 保持双臂位置不变，双腿伸直，屈髋并向上抬起双腿。

收腹转体时呼气，还原时吸气。

要点提示

● 动作过程中核心收紧，避免头部代偿。

3 保持腹部收紧，躯干抬离地面，整个身体呈V字形，同时伸一侧手触碰对侧脚的脚尖，触碰后躯干落回垫面。接着换另一侧手触碰对侧脚的脚尖。回到起始姿势，完成规定的次数或时间。

● 俯卧-上身抬起

训练目标 **力量**　　主要肌肉 **核心肌群、背部肌群**
训练部位 **核心、背部**
所需器材 **瑜伽垫**

1 身体呈俯卧姿势，双臂伸直，自然放于身体两侧，双腿伸直。

身体抬起时呼气，还原时吸气。

2 保持臀部收紧，躯干发力使肩部、胸部离开垫面。回到起始姿势，重复规定的次数或时间。

要点提示

● 动作过程中，臀部保持收紧，躯干发力，下肢固定。

● 侧桥-抬腿-静态

全程保持均匀呼吸。

训练目标 **力量、稳定性**
训练部位 **核心**
所需器材 **瑜伽垫**
主要肌肉 **核心肌群、臀部肌群、肩部肌群**

1 身体呈侧卧姿势，双脚并拢以侧面触垫支撑，一只脚侧面触垫，触垫侧肘关节屈曲90度，前臂触垫支撑，肘部位于肩部正下方，另一侧手叉腰。

2 双腿伸直，保持背部挺直，腹部收紧，单脚侧面触垫，抬起髋部至躯干与双腿在一条直线上。

3 抬起非支撑侧腿，保持该姿势至规定的时间。换对侧重复。

要点提示

● 核心收紧，保持身体稳定。

● 俯卧–抬起上身–双臂举起

训练目标	**力量、稳定性**
训练部位	**核心、肩部、背部**
所需器材	**瑜伽垫**
主要肌肉	**核心肌群、背部肌群、肩部肌群**

1 身体呈俯卧姿势，双腿伸直，双脚并拢，脚尖触垫支撑，双臂伸直举过头顶。

躯干抬起时呼气，还原时吸气。

要点提示

● 动作过程中，臀部收紧，躯干发力。

2 保持臀部收紧，背部发力使双臂、肩部和胸部抬离地面。回到起始姿势，完成规定的次数或时间。

● 抱膝式–单腿臀桥

全程保持均匀呼吸。

1 身体呈仰卧姿势，一侧腿屈膝，脚跟触垫支撑。另一侧腿屈髋屈膝抬起，双手抱住膝部。

2 臀部发力，将髋部顶起至躯干与支撑腿的大腿在一条直线上。完成规定的次数或时间。换对侧重复。

训练目标	**力量、稳定性**
训练部位	**臀部、腿部**
所需器材	**瑜伽垫**
主要肌肉	**臀大肌、腘绳肌**

要点提示

● 核心收紧，背部平直，躯干不要向一侧倾斜。

引体向上测试

8.1 认识引体向上测试

引体向上测试常用于评价个体上肢肌肉的力量和耐力。肌肉耐力能反映个体长时间进行肌肉活动或对抗身体疲劳的能力。对于学生来说，肌肉耐力水平关乎其运动能力的形成与发展。同时，引体向上测试包含的抓、握等动作是日常生活中常用的动作，其完成效果与肩部、上臂、前臂和背部等肌群关系密切[2]。因此，引体向上测试有助于教师及时发现学生在肌肉力量和耐力方面存在的问题，从而进行有针对性的训练。此外，引体向上测试成绩在一定程度上受学生体重的影响，因此该测试还有助于督促学生通过合理的锻炼和科学的饮食将体重控制在正常范围内。

◎ 影响因素

引体向上是一个克服自身体重向上做功的技术动作，引体向上的完成需要上肢肌肉的共同参与，因此其测试成绩主要受手臂、肩部和背部肌群的力量与耐力及体重的影响。

● 手臂、肩部和背部肌群的力量与耐力

在引体向上测试的上拉阶段初期，学生主要依靠手臂和肩部肌群的力量。从上拉阶段初期到上臂与身体垂直，再到上拉阶段结束，学生主要依靠背部肌群的力量。因此，这几个部位的肌肉力量在引体向上测试中发挥着重要作用。此外，引体向上测试属于力竭项目，学生需要在肌肉疲劳之前重复尽可能多的次数，因此相关部位的肌肉耐力也很重要。

● 体重

引体向上以自身体重为负荷，因此体重越重，在做这个动作时需要克服的阻力就越大。当然，不能绝对地说体重越重，引体向上测试成绩就越差。因为同样体积的肌肉比脂肪更重，很多身材健硕的个体的BMI超出正常范围是因为他们的肌肉较多，相应地，他们的力量素质也更好，引体向上测试成绩不见得会差。但绝大多数超重或肥胖的学生是因为体内脂肪含量过多，这样一来，他们需要克服的阻力很大，力量又不足，引体向上测试成绩自然就差。然而，体重也不是越轻越好，体重过轻意味着体内脂肪和肌肉含量均较少，可能不具备将自己拉起的力量。因此，学生应将体重控制在合理范围内。

◎ 测试规则

1 站于单杠的正下方，向上跳起，双手正握单杠，呈直臂悬垂姿势。

2 身体静止后，背部和双臂同时用力，将身体向上拉至下颌超过单杠上缘。不得晃动身体，借力上拉。

3 将身体下降至双臂伸直，此为完成1次。重复以上动作，直至两次引体向上的间隔时间超过10秒或掉下单杠，测试结束，此时的计数即为测试成绩。

◎ 要点提示

● 测试前准备

1 测试前应进行充分的热身。

2 穿合适的运动服和运动鞋。

● 测试时注意

1 不允许在跳上单杠后顺势就开始做引体向上，也不允许双臂未完全伸直即开始下一次引体向上，这些均为不规范动作，不会被计数。

2 上拉时，身体不能有大幅度的晃动。

◎ 引体向上技术学习

引体向上对身体素质的要求较高，很多学生一开始都难以完成标准的引体向上。教师可从退阶练习开始教学，然后逐渐提升练习的难度和强度，帮助学生循序渐进地掌握动作要点并提升其身体素质，最终使学生能够又快又好地完成标准的引体向上。教师可教授并带领学生有序地进行以下几个由易到难的练习：直臂悬垂、澳式引体向上、引体离心下降、反握半程引体向上、弹力带辅助引体向上、标准的引体向上。前两个练习可以帮助学生体会手臂和背部肌群的发力感，同时可增强这些部位肌肉的力量；中间两个练习接近标准的引体向上，能更有针对性地发展完成引体向上必需的力量；弹力带辅助引体向上则能帮助学生体验完整的引体向上动作。当学生能以标准动作重复数次每个阶段的练习，即可进阶到下一阶段，最终成功地完成标准的引体向上，之后可通过力量训练不断增加完成的次数。

◎ 综合训练指导

训练应以手臂、肩部和背部肌群的力量、耐力练习为主，同时也不能忽视胸部肌群的练习，以使躯干前后侧的肌肉均衡发展。引体向上本身就是一个很好的具有针对性的训练动作，难以完成标准的引体向上的学生可以在一开始借助弹力带降低动作难度，在相应肌肉的力量、耐力得到发展后再尝试标准的引体向上。在引体向上的上拉阶段，参与该动作的肌肉做向心收缩，例如，双臂在向上阶段弯曲，此时肱二头肌向心收缩；在到达最高点后的下降阶段，主要参与该动作的肌肉做离心收缩，例如，双臂在向下阶段逐渐伸直，肱二头肌仍在发力且逐渐被拉长，此时它在做离心收缩。肌肉的离心收缩练习也能有效地增强肌肉力量，因此学生在进行引体向上练习时，也需要注意在下降阶段对相关肌肉的发力和控制。此外，手臂、肩部和背部肌群的放松容易被忽略，也不易做到位，但放松不及时、不到位易导致疲劳积累甚至造成损伤，因此学生要特别注意使用正确的方法放松相关肌肉。

◎ 典型问题与解决建议

● 动作不规范

学生在引体向上测试中的典型问题就是动作不规范，一些动作未被计数。想要解决这一问题，学生必须牢记动作要点：上拉时身体不能大幅度晃动，下颌要超过单杠上缘，下降时双臂必须伸直才能开始下一次动作。学生需反复多次练习，使动作规范化。

● 手臂和背部肌群力量不足

手臂和背部肌群力量不足导致学生在测试时上拉困难、动作吃力、耐力不足，严重影响引体向上测试成绩。解决该问题的办法是进行手臂和背部肌群力量训练。

◎ 其他注意事项

超重或肥胖的学生需要在发展与引体向上有关肌肉的力量和耐力的同时，通过合理的运动与科学的饮食进行体重控制。

◎ 针对性提升练习

● 澳式引体向上

训练目标　**力量**

训练部位　**背部、手臂**

所需器材　**单杠**

主要肌肉　**前臂肌群、背部肌群**

拉起身体时呼气，下降身体时吸气。

1 在单杠下方屈膝下蹲，双手正手握杠，间距大于肩宽，然后双腿向前伸，直至双腿伸直且身体呈一条直线。此时，脚跟撑地，肩胛骨收紧并下沉。

2 将身体拉向单杠，尽可能使胸部贴杠，然后让身体回到起始姿势。拉起身体后回到起始姿势为完成1次。重复规定的次数。

要点提示

- 全程保持身体呈一条直线，肩胛骨收紧并下沉。
- 让身体回到起始姿势的过程应是有控制的。
- 身体与地面形成的角度决定了练习的难度，角度越小，难度越大。如果觉得该练习难度较大，可以退阶至屈膝来完成练习。

● 弹力带–四足俯卧撑

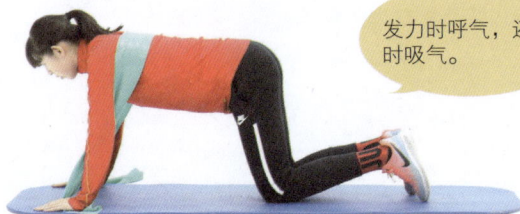

要点提示

● 运动过程中，保持背部挺直。

发力时呼气，还原时吸气。

1 将弹力带中段置于背后，双手分别握住两端。身体呈俯卧姿势，双手、双膝支撑于垫上，其中双手位于肩关节正下方。

2 双臂屈肘，身体向下做俯卧撑动作，然后胸部及上肢肌肉发力，回到起始姿势。完成规定的次数。

训练目标 **力量**　　　　所需器材 **瑜伽垫、弹力带**
训练部位 **胸部**　　　　主要肌肉 **胸部肌群、核心肌群**

● 俯卧–模拟游泳姿（自由泳）

训练目标 **力量**　　　　所需器材 **瑜伽垫**
训练部位 **全身**　　　　主要肌肉 **全身**

发力时呼气，还原时吸气。

1 身体呈俯卧姿势，躯干和大腿贴地，双臂屈曲收于身体两侧。双腿伸直，脚尖触垫。

2 保持腹部收紧，肩胛骨向后缩，躯干发力使上半身离垫。同时将双臂和双腿抬起。一侧手臂伸直向前推出，另一侧手臂伸直向后推出，同时身体转向手臂后推的一侧，模拟自由泳动作。双臂交替进行，完成规定的次数。

要点提示

● 动作过程中保持腹部收紧，肩胛骨向后缩，躯干发力使上半身离垫。

● 反握半程引体向上

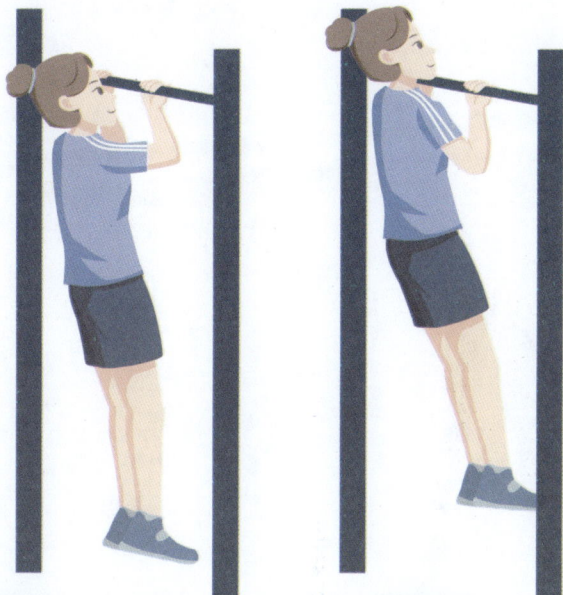

训练目标 **力量**
训练部位 **手臂、背部**
所需器材 **单杠**
主要肌肉 **手臂肌群、背部肌群**

上拉时呼气，下降时吸气。

要点提示

- 全程保持身体呈一条直线，肩胛骨收紧并下沉。
- 一旦感到身体不适，应立刻停止练习，不可勉强。

1 双手反手握杠，间距等于肩宽，将身体向上拉至上臂与地面平行。

2 将身体向上拉至下颌超过单杠上缘，然后回到起始姿势。上拉身体后回到起始姿势为完成1次。完成规定的次数。

● 弹力带辅助引体向上

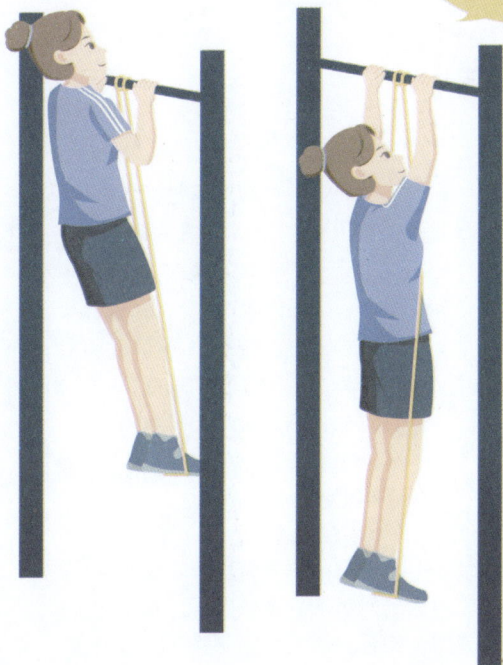

上拉时呼气，下降时吸气。

训练目标 **力量**
训练部位 **手臂、背部**
所需器材 **单杠、弹力带**
主要肌肉 **手臂肌群、背部肌群**

要点提示

- 全程保持身体呈一条直线，肩胛骨收紧并下沉。
- 一旦感到身体不适，应立刻停止练习，不可勉强。

1 将弹力带挂在单杠上，脚踩弹力带，双手正手握杠，间距大于肩宽。

2 将身体向上拉至下颌超过单杠上缘，然后回到起始姿势。上拉身体后回到起始姿势为完成1次。完成规定的次数。

● 弹力带–站姿–Y字激活

上举时呼气，恢复时吸气。

要点提示

● 全程保持弹力带有一定的张力。

训练目标 **稳定性**
训练部位 **肩部**
所需器材 **弹力带**
主要肌肉 **肩部肌群**

1 双脚分开，距离与肩同宽。双臂外展，肘关节屈曲，指向下。双手分别握住弹力带两端并举至与肩同高，保持弹力带有一定的张力。

2 躯干及下肢保持稳定，肩部肌群发力，双臂向上伸直举起弹力带。回到起始姿势，完成规定的次数。

● 弹力带–站姿–稳定下砍–自固定

下砍时呼气，还原时吸气。

要点提示

● 动作过程中保持身体稳定，避免耸肩。

训练目标 **力量**
训练部位 **核心、肩部**
所需器材 **弹力带**
主要肌肉 **核心肌群、肩部肌群**

1 双脚开立，与肩同宽，双手分别握住弹力带两端，双臂向一侧45度上举，一侧手臂伸直，另一侧手臂微屈。

2 躯干和手臂发力，一侧手及同侧手臂固定不动，对侧手向斜下方拉弹力带，至对侧手臂完全伸直。回到起始姿势，完成规定的次数。换对侧重复。

● 弹力带−俯卧撑

训练目标 **力量**
训练部位 **胸部**
所需器材 **瑜伽垫、弹力带**
主要肌肉 **胸部肌群、核心肌群**

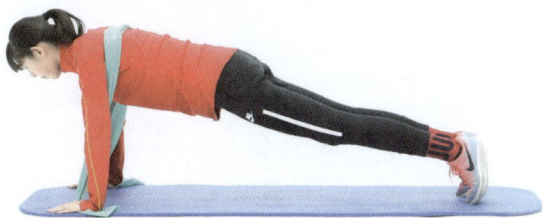

1 将弹力带中段置于背后，双手分别握住两端。身体呈俯卧姿势，双手与双脚脚尖撑于垫上，其中双手位于肩关节正下方，身体呈一条直线。

推起时呼气。

2 双臂屈肘，身体向下做俯卧撑动作。胸部及上肢肌肉发力，回到起始姿势。完成规定的次数。

要点提示

● 动作过程中，保持身体从头到脚在一条直线上。

● 弹力带−站姿−胸前下拉

训练目标 **力量**
训练部位 **手臂、肩部、背部**
所需器材 **弹力带**
主要肌肉 **肩部肌群、背部肌群**

手臂下拉时呼气，还原时吸气。

要点提示

● 身体保持挺直，手臂平行，向斜下方运动。

1 双脚开立，与肩同宽，将弹力带中段置于身体前侧的斜上方。双手分别握住弹力带的两端，双臂伸直且保持平行，掌心相对，保持弹力带有一定的张力。

2 身体挺直，肩胛骨收紧，双臂平行向斜下方拉至弹力带两端位于胸前。回到起始姿势，完成规定的次数。

鳄鱼爬行-纵向

训练目标	**力量**	所需器材	**无**
训练部位	**全身**	主要肌肉	**全身**

要点提示

● 核心收紧，背部平直。

1 身体呈俯卧撑起始姿势，双臂伸直支撑于地面，双手位于肩关节的正下方，双腿微屈，双脚脚尖撑地，面部朝下。

全程保持均匀呼吸。

2 一侧腿屈髋外展，双臂屈曲后伸直，完成一次俯卧撑。双手交替前移，带动屈曲腿伸直，对侧脚前移，回到起始姿势，换对侧重复。两侧交替进行，完成规定的距离。

弹力带-站姿-双臂下拉

要点提示

● 动作过程中，核心收紧，避免耸肩，弹力带紧贴身体运动。

训练目标	**力量**	所需器材	**弹力带**
训练部位	**肩部**	主要肌肉	**肩部肌群、背部肌群**

下拉时呼气，还原时吸气。

1 双脚开立，与肩同宽，双手分别握住弹力带两端，双臂伸直将弹力带上举过头顶，保持弹力带有一定的张力。

2 双臂发力，肩关节内收，下拉弹力带至侧平举势。动作过程中保持双臂伸直。回到起始姿势，完成规定的次数。

● **俯卧-划臂**

训练目标　**力量**
训练部位　**背部、肩部**
所需器材　**瑜伽垫**
主要肌肉　**肩部肌群、背部肌群**

发力时呼气，还原时吸气。

1 身体呈俯卧姿势，躯干和大腿贴垫，双臂向前伸直贴地。双腿伸直，脚尖着地。

要点提示

● 动作过程中保持腹部收紧，躯干和大腿贴垫。

2 保持腹部收紧，双臂向两侧打开，同时两侧小腿抬起。双臂继续向后打开至与身体平行。回到起始姿势，完成规定的次数。

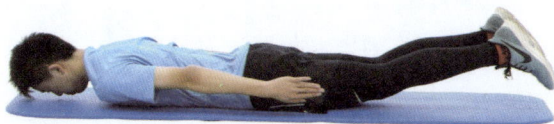

第 8 章　引体向上测试

● **弹力带-站姿-俯身双臂后拉**

训练目标　**力量**　　　主要肌肉　**肩部肌群**
训练部位　**背部、肩部**　　所需器材　**弹力带**

发力时呼气，还原时吸气。

要点提示

● 动作过程中保持身体稳定，背部挺直。

1 双脚开立，距离与肩同宽，双腿微屈，向前俯身。将弹力带中段固定在身体正前方的低处，双手分别握住两端。双臂于体前伸直，双手掌心相对，保持弹力带有一定的张力。

2 肩关节后侧肌肉发力，双臂将弹力带后拉至髋关节两侧后方。动作过程中保持双臂伸直，背部挺直，避免耸肩。回到起始姿势，完成规定的次数。

● 平板支撑－手、肘交替支撑

1 身体呈四点支撑的俯撑姿势，核心收紧，腰背挺直，保持双手位于肩部的正下方，双臂伸直。双脚脚尖触垫支撑。

2 保持腹部收紧，一侧肘部屈曲约90度，前臂触垫支撑，上臂约与垫面垂直。

全程保持均匀呼吸。

3 另一侧手臂做同样的动作。

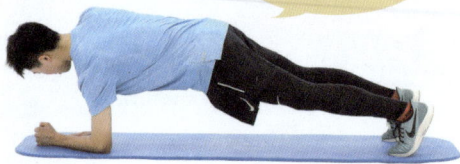

4 抬起先触垫的手臂，手掌撑垫。接着抬起后触垫的手臂，整体呈双手触垫支撑姿势。按照同样的动作标准，两侧交替进行，完成规定的次数或时间。

要点提示

● 整个动作过程中，保持核心收紧、腰背挺直。
● 手、肘交替支撑时，躯干保持稳定，减少身体的左右晃动，身体呈一条直线。

训练目标 **稳定性、力量**
训练部位 **核心**
所需器材 **瑜伽垫**
主要肌肉 **核心肌群、肩部肌群**

● 引体离心下降

下降前吸气，下降时呼气。

训练目标 **力量**
训练部位 **手臂、背部**
所需器材 **单杠**
主要肌肉 **手臂肌群、背部肌群**

双手正手握杠，间距等于肩宽，在他人的辅助下或脚踩凳子将身体向上拉至下颌超过单杠上缘。缓慢地下降至双臂完全伸直，呈直臂悬垂姿势，然后在他人的辅助下或脚踩凳子回到起始姿势。从身体上拉至下颌超过单杠上缘，到下降后回到起始姿势为1次。重复规定的次数或时间。

要点提示

● 全程保持身体呈一条直线，肩胛骨收紧并下沉。
● 下降的过程应是缓慢的、有控制的。
● 一旦感到身体不适，应立刻停止练习，不可勉强。

● 弹力带–站姿–T字激活

训练目标 **稳定性**	所需器材 **弹力带**
训练部位 **肩部**	主要肌肉 **斜方肌、肩部肌群**

全程保持均匀呼吸。

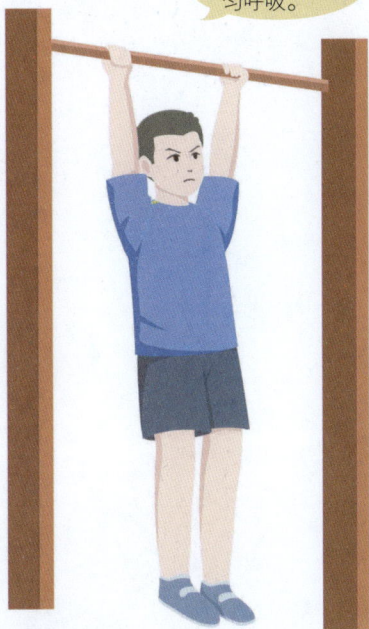

要点提示

● 动作过程中避免耸肩。

1 双脚开立，距离与肩同宽。双臂外展，肘关节屈曲指尖向下，双手分别握住弹力带两端举至与肩部同高，保持弹力带有一定的张力。

2 躯干及下肢保持稳定，肩部肌群发力，双臂侧平举。回到起始姿势，完成规定的次数。

● 直臂悬垂

全程保持均匀呼吸。

训练目标 **力量**

训练部位 **手臂、背部**

所需器材 **单杠**

主要肌肉 **手臂肌群、背部肌群**

双手正手握杠，间距大于肩宽，身体呈一条直线，肩胛骨收紧并下沉。保持该姿势至规定的时间。

要点提示

● 全程保持身体呈一条直线，肩胛骨收紧并下沉。

● 一旦感到身体不适，应立刻停止练习，不可勉强。

800 米跑和 1000 米跑测试

800米跑和1000米跑测试均属于中等距离的跑步项目，是评价个体耐力这一身体素质水平的简易方法，还能反映个体呼吸系统、心血管系统的机能水平，具有不可替代的作用。耐力水平与学生体质健康水平之间存在明显的线性关系，然而，耐力水平的下降是大多数学生存在的突出问题。研究还发现，进行耐力训练有助于全面改善学生的肌肉、心肺、血液、免疫系统及物质代谢调节等功能[2]。800米跑和1000米跑测试能引导学生关注自身的耐力素质水平，还能在通过训练提升测试成绩的过程中，让学生明白如何科学地进行耐力训练，并使其养成规律地进行耐力训练的习惯，从而扭转其耐力素质水平持续下降的趋势。800米跑和1000米跑测试的强度较高，学生必须在测试前充分热身，在测试中时刻关注自身的身体状况，测试后应缓慢走动，直到心率平稳而不是立刻坐下。

◎ 影响因素

800米跑和1000米跑测试是中等距离的跑步项目，测试成绩主要受个体心肺耐力和乳酸耐受力等因素的影响。

● 心肺耐力

800米跑和1000米跑测试包含3个阶段：起跑后占据内道的加速跑、途中跑及最后的冲刺跑。大部分学生的800米跑和1000米跑测试成绩为4~5分钟，在相同的速度下，心肺耐力较好的学生主要依靠有氧氧化系统供能，心肺耐力较差的学生则主要依靠糖酵解系统供能，糖酵解系统供能会使身体更快地感到疲劳。因此，如果心肺耐力较好，学生就能更轻松地以更快的速度进行途中跑，并且在最后的冲刺跑阶段有更多的体力让自身达到更快的速度，测试成绩自然更加理想。

● 乳酸耐受力

在800米跑和1000米跑的途中跑阶段，心肺耐力较差的学生更多地依靠糖酵解系统供能，在这个过程中，乳酸会不断产生并堆积，导致他们在最后的加速跑阶段以非常疲劳的状态加速、冲刺。因此，在这种情况下，机体只有具备较好的乳酸耐受力，才能在一定程度上缓解乳酸堆积带来的疲劳，从而达到更快的冲刺速度。

◎ 测试规则

(1) 一般采用站立式起跑，听到"预备"的口令时集中注意力。

(2) 听到"跑"的口令后，快速起跑，此时开始计时。

(3) 躯干冲过终点线的垂直面时停止计时。测试成绩以分和秒为单位，精确到1秒。

◎ 要点提示

● 测试前准备

1 测试前2天不要进行突击训练，以免身体过于疲劳。

2 穿适度宽松的衣服和跑鞋。

3 测试前1~2小时避免进食，可适当补充运动饮料。

4 测试前应进行充分的热身。

● 测试时注意

1 起跑准备时，后侧脚不要踩实地面。

2 途中跑时，身体不要后仰，双臂不要左右摆动。

3 尽量不要在弯道加速超人。

4 如果被其他同学超过，可对比一下自己与其的速度，若速度相近，可以选择跟在他身后；若其明显更快，应保持自己的节奏。

5 如果在跑步的过程中肚子疼痛剧烈，应立即停下，寻求场地工作人员的帮助。

NO!

起跑准备时，后侧脚不要踩实地面　　　途中跑时，身体不要后仰　　　途中跑时，双臂不要左右摆动

9.2 800 米跑和 1000 米跑测试针对性提升训练

◎ 长跑技术学习

● 途中跑

与50米跑测试不同的是，在800米跑和1000米跑测试的途中跑过程中，步幅应均匀，身体应轻快，配合有节奏的呼吸，一般为3步一吸、3步一呼或2步一吸、2步一呼，同时尽量使用鼻吸口呼的方式。若疲劳感较重，可以适当加大双臂和双腿的摆动幅度并加快速度，同时提高呼吸频率并使用口吸口呼的方式。

● 弯道跑

进入弯道，身体稍向左倾斜，使右肩稍高于左肩，同时稍稍增大右臂的摆动力度和幅度；右膝向内，左膝向外，右脚内侧和左脚外侧着力稍多。切入内道时应注意安全。

● 体力分配

以较快的速度而非最快的速度进行途中跑。进入最后的100~150米时，加快速度，用最快的速度进行最后的冲刺。

起跑、加速跑和冲刺跑的技术学习内容同50米跑测试（第48页）。

◎ 综合训练指导

800米跑和1000米跑属于中等距离的跑步项目，对速度及完成时间均有一定的要求，对学生的耐力素质提出了挑战，因此相关训练应以发展心肺耐力的练习为主，以增强机体乳酸耐受力的练习为辅。这些练习通常比较消耗体力，意志力较差的学生很容易放弃，教师应及时给予鼓励。

训练一般遵守"循序渐进"的原则，训练强度逐渐提高。但男生和女生的跑动距离不一样，并且在青春期，同一年龄段的不同个体的运动能力可能存在较大差异，因此训练强度的设置和调整要根据每个人的具体情况进行。此外，前文已提到，七至九年级学生可能出现"青春性高血压"，因此教师最好让他们以中等或中等偏上的负荷量和强度来进行心肺耐力练习，并且在训练过程中需时刻观察学生的反应，以免发生意外。

● 体力分配不当

刚开始接触该项测试时，很多学生都会出现起跑阶段速度过快导致途中跑或后半程冲刺无力这种体力分配不当的问题。应在模拟测试和正式测试中找到适合自己的节奏。

● 耐力差

耐力差往往是影响成绩和心态的关键问题。可以通过1000米跑和1200米跑、400米限时跑、5分钟跑等训练循序渐进地增强耐力。

起跑、摆臂、摆腿等问题的分析及解决建议同50米跑测试（第49页）。

◎ 针对性提升练习

● 锯齿前跳

跳跃时呼气，落地时吸气。

站于一条直线的一侧，身体挺直，双脚并拢。躯干保持挺直，踝关节发力，摆臂向线的另一侧的斜前方跳跃，再向对侧斜前方跳跃，反复跳跃至行进一定的距离。重复规定的次数或时间。

要点提示

● 跳跃过程中躯干保持挺直，膝盖和脚尖一致向前。

训练目标	**灵敏性**
训练部位	**腿部、臀部**
所需器材	**无**
主要肌肉	**臀部肌群、下肢肌群**

● 锥桶-纵向障碍跳

训练目标 **爆发力、力量**　　主要肌肉 **臀部肌群、下肢肌群**
训练部位 **腿部、臀部**　　　　所需器材 **锥桶**

> 全程保持均匀呼吸。

第 9 章　800 米跑和 1000 米跑测试

要点提示

● 核心收紧，落地后迅速跳起。

1 双脚开立，与肩同宽，背部挺直，双臂自然垂于身体两侧，目视前方。屈髋屈膝下蹲后，臀部与大腿前侧肌肉发力，迅速向前，向上跳起，同时手臂上摆，跳过第1个锥桶。

2 落地时屈髋屈膝缓冲，手臂后摆，接着又迅速向前、向上跳起，跳过第2个锥桶。完成规定的时间或跳过规定数量的锥桶。

● 弓步跳

训练目标 **爆发力**
训练部位 **臀部、腿部**
所需器材 **无**
主要肌肉 **臀部肌群、下肢肌群**

跳起时呼气，还原时吸气。

要点提示

● 动作过程中，躯干保持挺直，膝盖和脚尖一致向前。

1 双腿前后站立，屈髋屈膝，前侧腿的大腿与地面平行，后侧腿的膝部几乎触地，呈分腿蹲姿。挺胸收腹，下颌微收，双手自然放在身体两侧。

2 双脚蹬地发力，伸髋伸膝，向上跳起，并在空中交换双腿的前后位置，然后换对侧重复。完成规定的次数或时间。

● 十字象限跳

训练目标 **灵活性、协调性、灵敏性**
训练部位 **腿部、臀部**
所需器材 **无**

主要肌肉 **臀部肌群、下肢肌群**

全程保持均匀呼吸。

1 身体呈直立姿，双脚并拢，双手叉腰。站在用十字分开的一块区域的A区域。

2 微微屈髋屈膝，准备跳跃。双脚蹬地，从A区域连续、依次跳进B区域、C区域和D区域，最后跳回A区域。重复以上动作，完成规定的次数或时间。

要点提示

● 跳跃过程中，核心收紧，腰背挺直。

● 扎马步

训练目标 **稳定性、力量耐力**
训练部位 **臀部、腿部**
所需器材 **无**
主要肌肉 **下肢肌群**

全程保持均匀呼吸。

第 9 章　800 米跑和 1000 米跑测试

要点提示

● 下蹲时，核心收紧，腰背挺直，身体不要晃动。

1 身体呈直立姿，双脚分开，间距大于肩宽。核心收紧，腰背挺直。

2 核心收紧，腰背挺直，屈髋屈膝，下蹲至大腿与地面尽量平行。保持该姿势至规定的时间。

● 分腿蹲–旋转

全程保持均匀呼吸。

1 双脚开立，间距远大于肩宽，挺胸直背，双手叉腰。

2 身体向一侧旋转90度，同时前侧腿下蹲至大腿与地面平行，后侧腿的大腿与地面接近垂直。臀部与大腿前侧肌肉发力，回到起始姿势，换对侧重复。完成规定的次数或时间。

训练目标 **力量、稳定性、灵活性**
训练部位 **腿部**
所需器材 **无**
主要肌肉 **臀部肌群、下肢肌群**

要点提示

● 核心收紧，膝关节不要超过脚尖。

● 弹力带–深蹲后拉

训练目标　**力量**
训练部位　**腿部、臀部、背部**
所需器材　**弹力带**
主要肌肉　**大腿肌群、臀部肌群、背部肌群**

发力时呼气，还原时吸气。

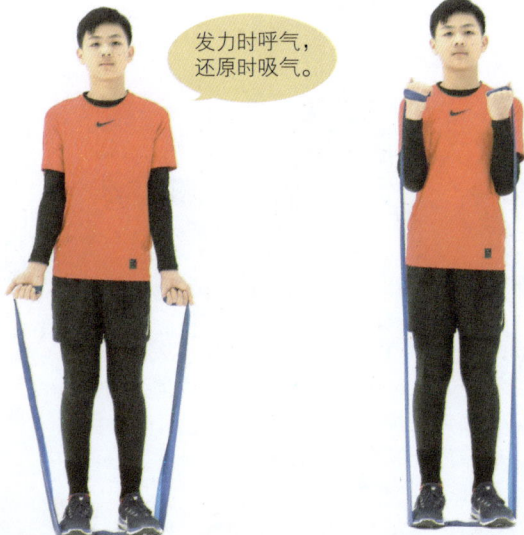

要点提示

● 动作过程中尽量避免膝关节超过脚尖，避免耸肩。

1 双脚开立，距离与肩同宽。将弹力带中段固定在身体正前方与肩同高处，双手分别握住两端。双臂前平举，掌心向下，保持弹力带有一定的张力。

2 屈髋屈膝，深蹲至大腿几乎与地面平行，同时背部及上肢肌肉发力，双臂水平后拉弹力带，至上臂与肩关节呈一条直线，双肘屈曲90度。动作过程中保持背部挺直。回到起始姿势，完成规定的次数或时间。

● 弹力带–站姿–肱二头肌弯举

发力时呼气，还原时吸气。

训练目标　**力量**
训练部位　**手臂**
所需器材　**弹力带**
主要肌肉　**手臂肌群**

要点提示

● 动作过程中保持身体稳定，上臂紧贴身体。

1 双脚开立，将弹力带中段固定在脚下。双手分别握住弹力带两端并置于身体两侧，掌心向前，保持弹力带有一定的张力。

2 两侧上臂保持稳定并紧贴身体，肱二头肌发力，前臂向上弯举，双手掌心向后。回到起始姿势，完成规定的次数或时间。

● 弹力带–半蹲位–单腿静力

全程保持均匀呼吸。

要点提示
● 动作过程中保持身体稳定、腹部收紧。

1

双腿开立，距离与肩同宽。将弹力带两端固定在身体正前方的高处，中段绕过背部。向前微微俯身，双膝微屈，双手轻轻置于大腿上，保持弹力带有一定的张力。

2

抬起一侧脚，呈单腿半蹲姿势，保持至规定的时间。换对侧重复。

● 弹力带–站姿–单臂后伸

肘关节伸展时呼气，屈曲时吸气。

训练目标　**力量**
训练部位　**手臂**
所需器材　**弹力带**
主要肌肉　**肱三头肌**

要点提示
● 动作过程中保持身体稳定，手臂紧贴身体。

1

双脚开立，与肩同宽，左手将弹力带的一端固定在右侧肩上，右侧手臂屈肘，右手握住弹力带的另一端并置于肩关节前方，保持弹力带有一定的张力。

2

握弹力带侧手臂的上臂外侧肌肉发力，下拉弹力带至右侧手臂完全伸直。回到起始姿势，完成规定的次数或时间。换对侧重复。

● 弹力带–站姿–单腿后伸

> 髋关节伸展时呼气，还原时吸气。

训练目标 **力量**
训练部位 **腿部、臀部**
所需器材 **弹力带**
主要肌肉 **臀部肌群、大腿肌群**

要点提示

● 动作过程中保持核心收紧，身体稳定，避免躯干旋转。

1 双脚开立，双手自然置于身体两侧。将弹力带的一端固定在身体正前方与踝关节同高的地方，另一端绑在一只脚的脚踝处。微微向前抬起绑弹力带的脚，保持弹力带有一定的张力。

2 绑弹力带一侧的臀部和大腿后侧肌肉发力，将抬起的脚向后伸。回到起始姿势，完成规定的次数。换对侧重复。

● 臀桥–单腿军步式

> 全程保持均匀呼吸。

训练目标 **力量、稳定性**
训练部位 **核心、臀部、腿部**
所需器材 **瑜伽垫**
主要肌肉 **核心肌群、臀大肌、腘绳肌**

1 身体呈仰卧姿势，头部和整个背部触垫，双臂交叉收于胸前。脚尖勾起，脚跟触垫，双膝屈曲约90度。腹部和臀部收紧，臀部发力向上顶髋，直至躯干与大腿在一条直线上。

要点提示

● 髋关节处于中立位。

2 保持身体稳定，一侧腿屈髋并抬离垫面，直至大腿与躯干的夹角约为90度，并保持脚尖勾起。保持该姿势至规定的时间。换对侧重复。

● 平板支撑–对侧两点支撑

要点提示

- 整个动作过程中，保持核心收紧、腰背挺直。
- 对侧手和腿抬起时，躯干保持稳定，减少身体的左右晃动，身体呈一条直线。

训练目标　**稳定性、力量**
训练部位　**核心**
所需器材　**瑜伽垫**
主要肌肉　**核心肌群、肩部肌群、下肢肌群**

全程保持均匀呼吸。

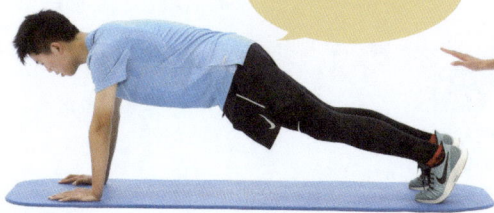

1 身体呈四点支撑的俯撑姿势（双手和双脚脚尖撑地），核心收紧，腰背挺直，保持双手位于肩部的正下方，双臂伸直。

2 保持背部挺直，腹部收紧，抬一侧手臂沿耳朵向前伸直，至大约与地面平行，同时抬对侧腿，至大腿约与地面平行。回到起始姿势，按照同样的动作标准，两侧交替进行，完成规定的次数或时间。

● 跪姿伸髋

训练目标　**稳定性**
训练部位　**核心、臀部**
所需器材　**瑜伽垫**
主要肌肉　**臀大肌、核心肌群**

要点提示

- 伸髋是为了体会臀部肌群和核心肌群的发力感。髋部完全伸展后，躯干与大腿在一条直线上。

全程保持均匀呼吸。

1 呈跪姿，屈膝，双脚并拢，脚背贴在垫子上，臀部坐在踝关节处。躯干挺直，核心收紧，双臂自然伸直，垂于身体两侧，挺胸抬头，目视前方。

2 臀部肌群发力，充分伸髋，身体直立，同时双臂向上伸直。回到起始姿势，重复规定的次数或时间。

● 平板支撑-转体

全程保持均匀呼吸。

要点提示

● 整个动作过程中，保持核心收紧，腰背挺直。
● 转体时，躯干保持稳定，身体呈一条直线。

训练目标　**稳定性、力量**
训练部位　**核心**
所需器材　**瑜伽垫**
主要肌肉　**核心肌群、肩部肌群**

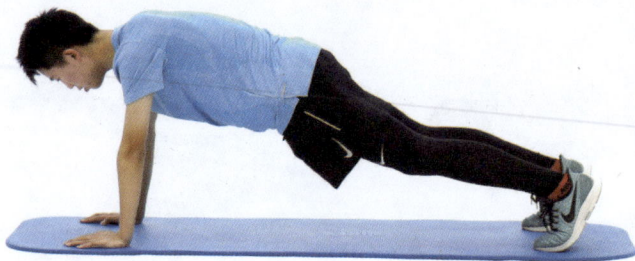

1 身体呈四点支撑的俯撑姿势（双手和双脚脚尖触垫），核心收紧，腰背挺直，核心肌群持续发力，保持双手位于肩部的正下方，双臂伸直。

2 保持背部挺直，腹部收紧，一侧手臂支撑，抬另一侧手臂沿水平方向，向外、向上打开，同时身体转向打开侧，双脚侧面触垫支撑（一只脚是脚踝内侧触垫，另一只脚是脚踝外侧触垫）。保持双臂伸直，尽量使其保持在一条直线上。眼睛看向非支撑手。回到起始姿势，按照同样的动作标准，两侧交替进行，完成规定的次数。

● 上下踏板

全程保持均匀呼吸。

1 站立于踏板前，核心收紧，腰背挺直，双臂自然垂于身体两侧。

2 抬起一侧脚，踏上踏板，随之抬起对侧脚，踏上踏板。

训练目标　**力量、耐力**
训练部位　**腿部、臀部**
所需器材　**踏板**
主要肌肉　**下肢肌群**

3 双脚依次踏下踏板，回到起始位置，完成规定的次数或时间。

要点提示

● 保持身体的整体稳定。

针对性提升训练方案

本章的训练方案分为上、下两个学期，以两周为一个小阶段进行计划的设计，因此每个学期均有10个计划。

上学期初期（第1~4周）的练习主要锻炼上肢、下肢及核心肌群，此时的运动量较小，其目的是为之后的专项训练打下坚实的基础。从第5周开始逐渐增大运动量，在上学期中期（第7~10周）运动量达到最大，其以高强度间歇的训练形式发展学生的心肺耐力，因此在第9~10周可以根据情况进行肺活量的模拟测试。从第11周开始一直到第12周，根据男生和女生的不同测试项目，让男生进行上肢和背部肌群的力量练习，而女生发展腹部肌群的力量和耐力，因此在12周前后可以分别对男生和女生进行引体向上和仰卧起坐的模拟测试。第13~14周针对800米跑和1000米跑测试，进行耐力性练习，增强学生的心肺功能和肌肉耐力。第15~16周、第17~18周分别针对50米跑和立定跳远测试进行功能性和专项性练习。整个上学期的所有计划都包含了一定的针对坐位体前屈的柔韧性练习，因此只用最后两周时间（第19~20周）专门针对坐位体前屈进行练习，这能让学生通过拉伸练习更好地放松身心，缓解之前训练积累的疲劳。

上学期

第1~4周
以锻炼上肢、下肢和核心肌群的练习为主，运动量较小。

第7~10周
以高强度间歇形式训练，重点为发展心肺耐力，运动量较大。

第13~14周
主要为针对800米跑和1000米跑测试的练习。

第17~18周
主要为针对立定跳远测试的练习。

第5~6周
运动量逐渐增大。

第11~12周
男生以锻炼上肢和背部肌群的练习为主，女生重点发展腹部肌群的力量和耐力。

第15~16周
主要为针对50米跑测试的练习。

第19~20周
主要为针对坐位体前屈测试的练习。

下学期虽然也会包含各项测试的技巧性练习，但是更多的是以储备体能为目的。本章将下学期的训练方案分为循序渐进的4期。初期（第1~4周）以全身性力量练习为主，运动的量和强度都较小。中期（第5~12周）逐渐提高运动的强度和难度，重点发展学生的心肺功能、肌肉力量和爆发力。中后期（第13~16周）逐渐降低运动的量和强度，但动作难度仍保持在较高的水平，以增强学生的运动能力，为下一个年级中要求更高的测试做准备。后期（第17~20周）的运动的量和强度降低，以避免疲劳累积，训练内容会涉及一项或多项测试的技巧性练习，以巩固和发展与测试有关的身体素质。

下学期

第1~4周
以全身性力量练习为主，运动量和运动强度都较小。

第5~12周
重点为发展心肺功能、肌肉力量和爆发力，运动量和运动强度逐渐增大。

第13~16周
动作难度保持在较高的水平，运动量和运动强度逐渐减小。

第17~20周
涉及测试的技巧性练习，重点发展与测试有关的身体素质，运动量减小。

七年级上学期训练阶段1（第1~2周）[a]

	练习名称	重复	组数	页码	要点提示
热身	动态胸部扩张	30秒	2	188	也可使用节拍口令，动态练习进行4个8拍，静态练习保持2个8拍
	手臂钟摆	30秒		189	
	侧弓步	30秒		22	

	练习名称	重复	组数	页码	要点提示
正式	熊爬–纵向	20秒	2	22	无
	深蹲	20秒		21	
	平板支撑–交替击掌	20秒		25	
	俯卧–双手双膝支撑–肩胛骨后缩	20秒		29	

	练习名称	重复	组数	页码	要点提示
放松	树式伸展	30秒/侧	1	212	使用腹式呼吸
	三角肌前束主动拉伸	30秒		207	
	臀大肌、梨状肌被动拉伸–卧式4字形	20秒/侧		212	强调目标肌肉有轻度或中度的牵拉感
	跨栏拉伸	30秒/侧		67	
	跪式起跑者弓步	30秒/侧		210	

[a] 练习的间歇时间均为 30~45 秒，可根据训练安排和学生的身体反应确定具体的间歇时间，余同。

七年级上学期训练阶段 2（第 3~4 周）

	练习名称	重复	组数	页码	要点提示
热身	燕式平衡–腘绳肌拉伸	10米		70	
	股四头肌行进拉伸–手臂上伸	10米	2	192	无
	最伟大拉伸	5次		193	

	练习名称	重复	组数	页码	要点提示
正式	标准跳绳	15秒		43	
	锯齿前跳	20秒		116	
	徒手蹲–双脚跳	15秒		82	
	弹力带–站姿–肱二头肌弯举	20秒	2~3	120	无
	弹力带–站姿–单臂后伸	8次/侧		121	
	平板支撑–单臂侧平举	20秒/侧		60	

	练习名称	重复	组数	页码	要点提示
放松	泡沫轴–小腿肌群	20秒/侧		203	
	泡沫轴–腘绳肌	20秒/侧		203	
	泡沫轴–股四头肌	20秒/侧	1	204	无
	泡沫轴–肱二头肌	20秒/侧		201	
	泡沫轴–肱三头肌	20秒/侧		201	

七年级上学期训练阶段 3（第 5~6 周）

	练习名称	重复	组数	页码	要点提示
热身	垫步跳–纵向	10米		194	
	垫步直腿跳	10米	2	196	无
	向后弓步转体	5次		194	

	练习名称	性别	重复	组数	页码	要点提示
正式	弹力带–站姿–双臂下拉	男	6次		108	
	直臂悬垂		20~30秒		111	
	平躺收腹		6次		93	
	卷腹	女	10次	2	91	无
	俯卧–上身抬起		10次		97	
	碎步跑		10秒		37	
	抱膝式–单腿臀桥	男/女	30秒/侧		98	
	开合跳		20秒		37	

	练习名称	重复	组数	页码	要点提示
放松	下犬式	20秒		213	
	泡沫轴–股四头肌	30秒/侧	1	204	强调目标肌肉有轻度或中度的牵拉感
	泡沫轴–臀部肌群	30秒		204	
	泡沫轴–上背部	30秒		202	

七年级上学期训练阶段 4（第 7~8 周）

	练习名称	重复	组数	页码	要点提示
热身	垫步跳–纵向	10米		194	
	屈髋外旋跳	10米	2	195	无
	振臂跳	10米		196	

	练习名称	性别	重复	组数	页码	要点提示
正式	深蹲	男/女	30秒		21	
	爆发力垫步跳		10米		200	
	平板支撑–单臂侧平举		30秒/侧		60	
	臀桥–单腿军步式		30秒/侧		122	
	弹力带–站姿–稳定下砍–自固定	男	8次/侧	2	106	无
	直臂悬垂		30~40秒		111	
	对角线卷腹	女	30秒		93	
	仰卧–剪刀腿交叉		30秒		95	
	俯卧–抬起上身–双臂举起		30秒		98	

	练习名称	性别	重复	组数	页码	要点提示
放松	腹部肌群、三角肌、髋屈肌主动拉伸–动态弓式	男/女	30秒		207	
	麻花拉伸		30秒/侧		209	强调目标肌肉有轻度或中度的牵拉感
	坐姿90度/90度拉伸		30秒/侧	1	213	
	低位跪式起跑者弓步转体拉伸		30秒/侧		210	
	菱形肌拉伸	男	30秒		206	
	泡沫轴–下背部	女	30秒		205	

七年级上学期训练阶段 5（第 9~10 周）

	练习名称	重复	组数	页码	要点提示
热身	踝关节八字跳	10米		197	
	股四头肌行进拉伸–手臂上伸	10米	2	192	无
	燕式平衡–腘绳肌拉伸	10米		70	

	练习名称	性别	重复	组数	页码	要点提示
正式	原地纵跳		3次		81	
	开合跳	男/女	30秒		37	
	分腿蹲–旋转		20秒		119	
	旋转跳90度–呈稳定性支撑		4次	2	80	无
	弹力带–站姿–Y字激活	男	10次		106	
	引体离心下降		10次		110	
	仰卧–双肘碰膝	女	12次		94	
	对角线卷腹		12次		93	

	练习名称	重复	组数	页码	要点提示
放松	腹部肌群、三角肌、髋屈肌主动拉伸–动态弓式	30秒		207	
	跨栏拉伸	30秒/侧		67	
	跪式起跑者弓步	30秒/侧	1	210	强调目标肌肉有轻度或中度的牵拉感
	泡沫轴–下背部	30秒		205	
	泡沫轴–上背部	30秒		202	

七年级上学期训练阶段 6（第 11~12 周）

	练习名称	重复	组数	页码	要点提示
热身	平板爬行–纵向	10米		199	
	股四头肌行进拉伸–手臂上伸	10米	2	192	无
	相扑式深蹲–腘绳肌拉伸	8次		69	

	练习名称	性别	重复	组数	页码	要点提示
正式	弹力带辅助引体向上	男	12次		105	
	引体离心下降		6次		110	
	上下踏板		20秒		125	
	弹力带–站姿–屈腿	男/女	8次/侧	2	60	无
	跪姿~俯卧撑		6次		29	
	弹力带–站姿–半蹲侧向走		30秒/侧		79	
	90秒仰卧起坐	女	90秒		91	
	俯卧–上身抬起		30秒		97	

	练习名称	性别	重复	组数	页码	要点提示
放松	下犬式		30秒		213	
	腘绳肌被动拉伸–单腿屈髋		30秒/侧		70	
	腹部肌群、三角肌、髋屈肌主动拉伸–动态弓式	男/女	30秒	1	207	强调目标肌肉有轻度或中度的牵拉感
	臀大肌、梨状肌被动拉伸–舞者动作		30秒/侧		214	
	坐姿90度/90度拉伸		30秒/侧		213	
	泡沫轴–上背部	男	30秒		202	

七年级上学期训练阶段7（第13~14周）

	练习名称	重复	组数	页码	要点提示
热身	最伟大拉伸	10米		193	
	毛毛虫爬行–纵向	10米	2	198	无
	垫步跳–侧向	10米		195	

	练习名称	性别	重复	组数	页码	要点提示
正式	变速跑	男/女	100米	4	47	冲刺50米后慢走50米，此为完成1组
	800米跑	女	1次	2	115	无
	1000米跑	男	1次		115	

	练习名称	重复	组数	页码	要点提示
放松	坐姿转体拉伸	30秒/侧		209	
	弹力带–仰卧–腘绳肌拉伸	30秒/侧		68	
	跪式起跑者弓步	30秒/侧	2	210	强调目标肌肉有轻度或中度的牵拉感
	泡沫轴–股四头肌	30秒/侧		204	
	泡沫轴–小腿肌群	30秒/侧		203	

七年级上学期训练阶段 8（第 15~16 周）

	练习名称	重复	组数	页码	要点提示
热身	最伟大拉伸	10米		193	
	垫步跳–侧向	10米	2	195	无
	标准跳绳	30秒		43	

	练习名称	重复	组数	页码	要点提示
正式	运动姿快速转髋	8~12次	3	200	学生根据教师的口令完成随机方向的运动姿快速转髋，之后再根据教师的口令立刻进行背身起跑，全力冲刺10米
	背身起跑	1次		50	
	70米跑	1次	1~2	50	无

	练习名称	重复	组数	页码	要点提示
放松	下犬式	30秒		213	
	泡沫轴–小腿肌群	20秒/侧		203	
	泡沫轴–腘绳肌	20秒/侧		203	
	泡沫轴–臀部肌群	30秒	1	204	强调目标肌肉有轻度或中度的牵拉感
	跨栏拉伸	30秒/侧		67	
	臀大肌、梨状肌被动拉伸–卧式4字形	30秒/侧		212	
	泡沫轴–股四头肌	30秒/侧		204	

七年级上学期训练阶段 9（第 17~18 周）

	练习名称	重复	组数	页码	要点提示
热身	向后弓步转体	5次		194	
	摇篮抱膝	5次	2	192	无
	股四头肌行进拉伸–手臂上伸	5次		192	

	练习名称	重复	组数	页码	要点提示
正式	原地纵跳	3次		81	前两组不要求跳跃高度，但要求掌握动作要领和发力点；后两组强调跳跃高度，尽全力跳跃。
	徒手蹲–双脚跳	3次	4	82	无
	立定跳远	1次	6	77	注意动作要领，尽最大努力

	练习名称	重复	组数	页码	要点提示
放松	弓步拉伸–小腿	30秒/侧		69	
	弹力带–仰卧–腘绳肌拉伸	30秒/侧	2	68	强调目标肌肉有轻度或中度的牵拉感
	跪式起跑者弓步	30秒/侧		210	

七年级上学期训练阶段 10（第 19~20 周）

	练习名称	重复	组数	页码	要点提示
热身	早安式弓步	30秒/侧	2	67	无
	相扑式深蹲–腘绳肌拉伸	30秒		69	
	毛毛虫爬行–纵向	30秒		198	
	开合跳	30秒		37	

	练习名称	重复	组数	页码	要点提示
正式	筋膜球–足底	30秒/侧	2	66	强调目标肌肉有轻度或中度的牵拉感
	直腿–腓肠肌拉伸	30秒/侧		216	
	弓步拉伸–小腿	30秒/侧		69	
	跨栏拉伸	30秒/侧		67	
	臀大肌、梨状肌被动拉伸–卧式4字形	30秒/侧		212	
	泡沫轴–下背部	30秒		205	

	练习名称	重复	组数	页码	要点提示
放松	跪式起跑者弓步	30秒/侧	2	210	强调目标肌肉有轻度或中度的牵拉感
	侧卧–股四头肌和髋屈肌拉伸	30秒/侧		211	

七年级下学期训练阶段1（第1~2周）

	练习名称	重复	组数	页码	要点提示
热身	燕式平衡–腘绳肌拉伸	10米	2	70	无
	熊爬–纵向	10米		22	
	垫步跳–纵向	10米		194	

	练习名称	重复	组数	页码	要点提示
正式	标准跳绳	30次	2	43	将学生平分为2组，进行接力比赛。设置两条标志线，两线相距10米，先在一条标志线处进行30次标准跳绳，以锯齿前跳的方式移动10米，至另一条件标志线处，完成15次徒手蹲–双脚跳，然后以锯齿前跳的方式返回。每组学生都进行2组，看看哪组更快
	锯齿前跳	20米		116	
	徒手蹲–双脚跳	15次		82	
	平板支撑–交替击掌	6次		25	根据身高、体重、运动能力等将学生两人分成一组，完成搭档练习
	平板支撑–双人传递	6次/侧		27	
	俯卧–划臂	8次		109	

	练习名称	重复	组数	页码	要点提示
放松	三角肌前束主动拉伸	30秒	1	207	强调目标肌肉有中度的牵拉感
	体侧屈	30秒/侧		206	
	侧卧–股四头肌和髋屈肌拉伸	30秒/侧		211	
	跨栏拉伸	30秒/侧		67	

七年级下学期训练阶段 2（第 3~4 周）

	练习名称	重复	组数	页码	要点提示
热身	最伟大拉伸	10米	2	193	无
	股四头肌行进拉伸–手臂上伸	10米		192	
	垫步跳–纵向	10米		194	

	练习名称	重复	组数	页码	要点提示
正式	熊爬–纵向	10米	2	22	无
	深蹲	6次		21	
	原地纵跳	3次		81	
	俯卧–双手双膝支撑–肩胛骨后缩	8次		29	
	抱膝式–单腿臀桥	8次/侧		98	
	俯卧–划臂	8次		109	

	练习名称	重复	组数	页码	要点提示
放松	三角肌前束主动拉伸	30秒	1	207	强调目标肌肉有中度的牵拉感
	菱形肌拉伸	30秒		206	
	体侧屈	30秒/侧		206	
	侧卧–股四头肌和髋屈肌拉伸	30秒/侧		211	
	跨栏拉伸	30秒/侧		67	

七年级下学期训练阶段 3（第 5~6 周）

	练习名称	重复	组数	页码	要点提示
热身	向后弓步转体	5次		194	
	最伟大拉伸	10米	2	193	无
	垫步跳–纵向	10米		194	

	练习名称	重复	组数	页码	要点提示
正式	碎步跑	30次		37	
	深蹲	10次		21	
	高抬腿跳绳	20次		43	
	仰卧–双肘碰膝	16次	2	94	无
	对角线卷腹	16次		93	
	俯卧–抬起上身–双臂举起	10次		98	

	练习名称	重复	组数	页码	要点提示
放松	泡沫轴–小腿肌群	30秒/侧		203	
	泡沫轴–腘绳肌	30秒/侧		203	
	泡沫轴–股四头肌	30秒/侧	1	204	无
	泡沫轴–臀部肌群–单侧	30秒/侧		66	
	泡沫轴–下背部	30秒		205	

七年级下学期训练阶段 4（第 7~8 周）

	练习名称	重复	组数	页码	要点提示
热身	向后弓步转体	5次		194	
	最伟大拉伸	10米	2	193	无
	爆发式垫步跳	10米		200	

	练习名称	重复	组数	页码	要点提示
正式	开合跳	30次		37	
	后交叉弓步	6次		190	
	十字象限跳	6次	2	118	无
	仰卧–手摸对侧脚尖	10次		96	
	对角线卷腹	16次		93	
	俯卧–模拟游泳姿（自由泳）	10次		104	

	练习名称	重复	组数	页码	要点提示
放松	泡沫轴–小腿肌群	30秒/侧		203	
	泡沫轴–腘绳肌	30秒/侧		203	
	泡沫轴–股四头肌	30秒/侧	1	204	无
	泡沫轴–臀部肌群–单侧	30秒/侧		66	
	泡沫轴–下背部	30秒		205	
	俯卧–两侧转体看脚跟	30秒		205	强调目标肌肉有中度的牵拉感

七年级下学期训练阶段 5（第 9~10 周）

	练习名称	重复	组数	页码	要点提示
热身	振臂跳	10米		196	
	踝关节八字跳	10米	2	197	无
	燕式平衡–腘绳肌拉伸	10米		70	

	练习名称	性别	重复	组数	页码	要点提示
正式	碎步跑		40次		37	
	平板支撑–动态登山	男/女	20次		40	
	上下踏板		10次		125	
	弹力带–站姿–Y字激活	男	10次		106	
	弹力带–站姿–稳定下砍–自固定		8次/侧	2	106	无
	弹力带–仰卧–半程卷腹	女	16次		92	
	仰卧–剪刀腿交叉		20次		95	
	跪姿–俯卧撑	男/女	10次		29	

	练习名称	重复	组数	页码	要点提示
放松	俯卧–两侧转体看脚跟	30秒		205	
	腹部肌群、三角肌、髋屈肌主动拉伸–动态弓式	30秒	1	207	强调目标肌肉有中度的牵拉感
	跪式起跑者弓步	30秒/侧		210	
	臀大肌、梨状肌被动拉伸–卧式4字形	30秒/侧		212	

七年级下学期训练阶段 6（第 11~12 周）

	练习名称	重复	组数	页码	要点提示
热身	抱膝前进	10米		190	
	股四头肌行进拉伸–手臂上伸	10米	2	192	无
	燕式平衡–腘绳肌拉伸	10米		70	

	练习名称	性别	重复	组数	页码	要点提示
正式	开合跳		30次		37	
	平板支撑–动态登山	男/女	20次		40	
	分腿蹲–旋转		8次		119	
	弹力带–站姿–Y字激活	男	10次	2	106	无
	弹力带–四足俯卧撑		6次		104	
	弹力带–仰卧–半程卷腹	女	16次		92	
	对角线卷腹		8次		93	
	弹力带–站姿–单腿后伸	男/女	10次/侧		122	

	练习名称	重复	组数	页码	要点提示
放松	深蹲–低位–重心移动	30秒		217	
	臀大肌、梨状肌被动拉伸–卧式4字形	30秒/侧		212	
	跪式起跑者弓步	30秒/侧	1	210	强调目标肌肉有中度的牵拉感
	腹部肌群、三角肌、髋屈肌主动拉伸–动态弓式	30秒		207	
	俯卧–两侧转体看脚跟	30秒		205	

七年级下学期训练阶段 7（第 13~14 周）

	练习名称	重复	组数	页码	要点提示
热身	振臂跳	10米	2	196	无
	垫步跳–侧向	10米		195	
	屈髋外旋跳	10米		195	

	练习名称	性别	重复	组数	页码	要点提示
正式	碎步跑		40次	2	37	无
	栏架–交换跳–侧向–无反向	男/女	4次		55	
	栏架–双脚跳–旋转90度–无反向		4次/侧		54	
	栏架–双脚跳–侧向–无反向		4次/侧		53	
	俯卧撑–脚踩药球	男	6次		24	
	弹力带–站姿–胸前下拉		8次		107	
	仰卧–双肘碰膝	女	16次		94	
	仰卧–剪刀腿交叉		20次		95	
	俯卧–划臂	男/女	16次		109	

	练习名称	重复	组数	页码	要点提示
放松	腹部肌群、三角肌、髋屈肌主动拉伸–动态弓式	30秒	1	207	强调目标肌肉有中度的牵拉感
	侧卧–股四头肌和髋屈肌拉伸	30秒/侧		211	
	低位跪式起跑者弓步转体拉伸	30秒/侧		210	
	弹力带–仰卧–腘绳肌拉伸	30秒/侧		68	
	直腿–腓肠肌拉伸	30秒/侧		216	

七年级下学期训练阶段 8（第 15~16 周）

	练习名称	重复	组数	页码	要点提示
热身	最伟大拉伸	10米		193	无
	屈髋外旋跳	10米	2	195	
	垫步跳–侧向	10米		195	

	练习名称	性别	重复	组数	页码	要点提示
正式	高抬腿跳绳		12次		43	无
	波比跳		4次		41	
	运动姿快速转髋	男/女	16次		200	
	旋转跳90度–呈稳定性支撑		4次		80	
	平板支撑–手、肘交替支撑		8次	2	110	
	弹力带–站姿–俯身双臂后拉	男	10次		109	
	仰卧–对侧肘碰膝		16次/侧		95	
	俯卧–抬起上身–双臂举起	女	12次		98	
	俯卧–划臂	男/女	8次		109	

	练习名称	重复	组数	页码	要点提示
放松	腹部肌群、三角肌、髋屈肌主动拉伸–动态弓式	30秒		207	强调目标肌肉有中度的牵拉感
	侧卧–股四头肌和髋屈肌拉伸	30秒/侧		211	
	低位跪式起跑者弓步转体拉伸	30秒/侧	1	210	
	弹力带–仰卧–腘绳肌拉伸	45秒/侧		68	
	屈膝–比目鱼肌拉伸	30秒/侧		216	

七年级下学期训练阶段 9（第 17~18 周）

	练习名称	重复	组数	页码	要点提示
热身	股四头肌行进拉伸–手臂上伸	10次	2	192	无
	最伟大拉伸	10米		193	
	开合跳	20次		37	

	练习名称	性别	重复	组数	页码	要点提示
正式	军步走–纵向		5米	2	51	无
	70米跑		1次		50	
	弹力带–站姿–半蹲侧向走	男/女	10米/侧		79	
	弹力带–站姿–肱二头肌弯举		8~10次		120	男生10次，女生8次
	弹力带–站姿–单臂后伸		8~10次/侧		121	
	弹力带–站姿–双臂下拉	男	12次		108	无
	仰卧–双肘碰膝	女	16次		94	
	俯卧–模拟游泳姿（自由泳）	男/女	10次		104	

	练习名称	重复	组数	页码	要点提示
放松	泡沫轴–肱二头肌	20秒/侧	1	201	强调目标肌肉有中度的牵拉感
	泡沫轴–肱三头肌	20秒/侧		201	
	泡沫轴–背阔肌	20秒/侧		202	
	泡沫轴–下背部	20秒		205	
	泡沫轴–臀部肌群	20秒		204	
	泡沫轴–腘绳肌	30秒/侧		203	
	跨栏拉伸	30秒/侧		67	
	泡沫轴–股四头肌	30秒/侧		204	
	泡沫轴–小腿肌群	30秒/侧		203	

七年级下学期训练阶段10（第19~20周）

	练习名称	重复	组数	页码	要点提示
热身	向后弓步转体	5次		194	
	开合跳	20次	2	37	无
	站姿–对侧–前后–手碰脚	20次		39	

	练习名称	性别	重复	组数	页码	要点提示
正式	碎步跑		10秒		37	
	爆发力垫步跳		10米		200	无
	立定跳远		2次		77	
	平板支撑–转体		8~10次	2	124	男生10次，女生8次
	跪姿伸髋		8~10次		123	
	弹力带–站姿–俯身双臂后拉	男	12次		109	无
	仰卧–对侧肘碰膝	女	16次/侧		95	

	练习名称	重复	组数	页码	要点提示
放松	深蹲–低位–重心移动	10次		217	
	相扑式深蹲–腘绳肌拉伸	10次		69	
	跨栏拉伸	30秒/侧	1	67	强调目标肌肉有中度的牵拉感
	泡沫轴–臀部肌群	30秒		204	
	泡沫轴–股四头肌	30秒/侧		204	
	泡沫轴–小腿肌群	30秒/侧		203	

10.4 八年级上学期针对性提升训练方案

八年级上学期训练阶段1（第1~2周）

	练习名称	重复	组数	页码	要点提示
热身	动态胸部扩张	30秒	2	188	也可使用节拍口令，动态练习进行4个8拍，静态练习保持2个8拍
	下肢钟摆	30秒/侧		188	

	练习名称	重复	组数	页码	要点提示
正式	桌面爬行–旋转	20秒	2	24	无
	侧弓步	20秒		22	
	平板支撑–双人传递	20秒/侧		27	
	双人弹力带直臂蹬腿	20秒		28	
	深蹲	8次		21	使用腹式呼吸

	练习名称	重复	组数	页码	要点提示
放松	三角肌前束主动拉伸	30秒	1	207	强调目标肌肉有轻度或中度的牵拉感
	臀大肌、梨状肌被动拉伸–卧式4字形	30秒/侧		212	
	内收肌拉伸–坐式向前俯身	30秒		211	
	侧卧–股四头肌和髋屈肌拉伸	30秒/侧		211	

八年级上学期训练阶段 2（第 3~4 周）

	练习名称	重复	组数	页码	要点提示
热身	相扑式深蹲–腘绳肌拉伸	10次	2	69	无
	股四头肌行进拉伸–手臂上伸	10米		192	
	最伟大拉伸	10米		193	

	练习名称	重复	组数	页码	要点提示
正式	高抬腿跳绳	15秒	2	43	无
	十字象限跳	20秒		118	
	旋转跳90度–呈稳定性支撑	20秒		80	
	弹力带–站姿–单臂后伸	30秒/侧		121	
	侧卧–髋内收、外展	30秒/侧		30	
	仰卧–手摸对侧脚尖	30秒		96	

	练习名称	重复	组数	页码	要点提示
放松	泡沫轴–小腿肌群	30秒/侧	1	203	无
	泡沫轴–腘绳肌	20秒/侧		203	
	泡沫轴–股四头肌	20秒/侧		204	
	泡沫轴–臀部肌群	30秒		204	
	泡沫轴–肱二头肌	20秒/侧		201	

八年级上学期训练阶段3（第5~6周）

	练习名称	重复	组数	页码	要点提示
热身	摇篮抱膝	10米		192	
	最伟大拉伸	10米	2	193	无
	站姿–对侧肘碰膝–垫步跳	20次		191	

	练习名称	性别	重复	组数	页码	要点提示
正式	弹力带–站姿–T字激活		8次		111	
	弹力带–俯卧撑	男	8次		107	
	直臂悬垂		30~40秒		111	
	仰卧–双肘碰膝		12次		94	
	对角线卷腹	女	12次	2	93	无
	俯卧–上身抬起		10次		97	
	高抬腿跳绳		10秒		43	
	跪姿伸髋	男/女	30秒		123	
	站姿–对侧–前后–手碰脚		20秒		39	

	练习名称	重复	组数	页码	要点提示
放松	腘绳肌被动拉伸–单腿屈髋	30秒/侧		70	
	泡沫轴–股四头肌	30秒/侧		204	
	泡沫轴–臀部肌群	30秒	1	204	强调目标肌肉有轻度或中度的牵拉感
	泡沫轴–上背部	30秒		202	
	俯卧–两侧转体看脚跟	30秒		205	

八年级上学期训练阶段 4（第 7~8 周）

热身	练习名称	重复	组数	页码	要点提示
	毛毛虫爬行–纵向	10米		198	
	螃蟹爬行–纵向	10米	2	199	无
	屈髋外旋跳	10米		195	

正式	练习名称	性别	重复	组数	页码	要点提示
	弹力带–双腿半蹲	男/女	30秒		86	
	分腿蹲–动态		12次		52	
	平板支撑–转体		6次		124	
	平板支撑–对侧两点支撑		6次		123	
	引体离心下降	男	12次	2	110	无
	俯卧撑–脚踩药球		6次		24	
	弹力带–仰卧–半程卷腹	女	30秒		92	
	仰卧–手摸对侧脚尖		30秒		96	
	俯卧–抬起上身–双臂举起		30秒		98	

放松	练习名称	性别	重复	组数	页码	要点提示
	腹部肌群、三角肌、髋屈肌主动拉伸–动态弓式	男/女	30秒		207	
	坐姿90度/90度拉伸		30秒/侧		213	
	低位跪式起跑者弓步转体拉伸		30秒/侧	1	210	强调目标肌肉有轻度或中度的牵拉感
	弓步拉伸–小腿		30秒/侧		69	
	菱形肌拉伸	男	30秒		206	
	泡沫轴–下背部	女	30秒		205	

八年级上学期训练阶段 5（第 9~10 周）

	练习名称	重复	组数	页码	要点提示
热身	股四头肌行进拉伸–手臂上伸	10米		192	
	最伟大拉伸	10米	2	193	无
	垫步跳–侧向	10米		195	

	练习名称	性别	重复	组数	页码	要点提示
正式	立定跳远		3次		77	
	开合跳	男/女	30秒		37	
	弓步		20秒		52	
	旋转跳180度–呈稳定性支撑		4次		80	
	弹力带–站姿–俯身双臂后拉	男	10次	2	109	无
	引体离心下降		12次		110	
	弹力带–仰卧–卷腹	女	12次		92	
	俯卧–上身抬起		12次		97	

	练习名称	性别	重复	组数	页码	要点提示
放松	腹直肌拉伸–动态眼镜蛇式	男/女	30秒		208	
	跨栏拉伸		30秒/侧		67	
	坐姿90度/90度拉伸	男	30秒/侧	1	213	强调目标肌肉有轻度或中度的牵拉感
	泡沫轴–下背部		30秒		205	
	泡沫轴–上背部		30秒		202	

八年级上学期训练阶段6（第11~12周）

	练习名称	重复	组数	页码	要点提示
热身	股四头肌行进拉伸–手臂上伸	10米		192	
	垫步跳–侧向	10米	2	195	无
	垫步直腿跳	10米		196	

	练习名称	性别	重复	组数	页码	要点提示
正式	弹力带辅助引体向上	男	12次		105	无
	澳式引体向上		6次		103	
	双脚左右跳		20秒		36	
	弹力带–站姿–屈腿	男/女	8次/侧	2	60	
	平板支撑–对侧两点支撑		6次		123	无
	弹力带–半蹲位–单腿静力		30秒/侧		121	
	90秒仰卧起坐	女	90秒	1	91	
	俯卧–抬起上身–双臂举起		12次	2	98	

	练习名称	性别	重复	组数	页码	要点提示
放松	印度式俯卧撑		30秒		215	
	麻花拉伸		30秒/侧		209	
	臀大肌、梨状肌被动拉伸–卧式4字形	男/女	30秒/侧	1	212	强调目标肌肉有轻度或中度的牵拉感
	弹力带–坐姿–腘绳肌拉伸		30秒/侧		214	
	直腿–腓肠肌拉伸		30秒/侧		216	
	泡沫轴–上背部	男	30秒		202	

八年级上学期训练阶段 7（第 13~14 周）

	练习名称	重复	组数	页码	要点提示
热身	最伟大拉伸	10米		193	
	四肢爬行	10米	2	198	无
	垫步跳–侧向	10米		195	

	练习名称	重复	组数	页码	要点提示
正式	400米限时跑	1次	2	116	教师应根据学生的具体情况限定时长
	5分钟跑	1次	1	116	

	练习名称	重复	组数	页码	要点提示
放松	腹式呼吸	1分钟		215	
	印度式俯卧撑	8次		215	
	直腿–腓肠肌拉伸	30秒/侧	2	216	强调目标肌肉有轻度或中度的牵拉感
	屈膝–比目鱼肌拉伸	30秒/侧		216	
	跪式起跑者弓步	30秒/侧		210	

八年级上学期训练阶段 8（第 15~16 周）

	练习名称	重复	组数	页码	要点提示
热身	向后弓步转体	5次	2	194	无
	最伟大拉伸	10米		193	
	运动姿快速转髋	30秒		200	学生根据教师的口令完成随机方向的运动姿快速转髋

	练习名称	重复	组数	页码	要点提示
正式	军步走–直腿	8~12次	3	51	学生进行快速的军步走–直腿，之后根据教师的口令立刻进行背身起跑，全力冲刺10米
	背身起跑	1次		50	
	70米跑	1次	2	50	无

	练习名称	重复	组数	页码	要点提示
放松	印度式俯卧撑	30秒	1	215	强调目标肌肉有轻度或中度的牵拉感
	泡沫轴–小腿肌群	20秒/侧		203	
	泡沫轴–腘绳肌	20秒/侧		203	
	泡沫轴–臀部肌群	30秒		204	
	弹力带–仰卧–腘绳肌拉伸	30秒/侧		68	
	臀大肌、梨状肌被动拉伸–舞者动作	40秒/侧		214	
	侧卧–股四头肌和髋屈肌拉伸	30秒/侧		211	

八年级上学期训练阶段9（第17~18周）

	练习名称	重复	组数	页码	要点提示
热身	相扑式深蹲–腘绳肌拉伸	10次	2	69	无
	股四头肌行进拉伸–手臂上伸	10米		192	
	爆发力垫步跳	10米		200	

	练习名称	重复	组数	页码	要点提示
正式	弹力带–深蹲跳	8次	4	86	前两组不要求跳跃高度和距离，但要求掌握动作要领和发力点；后两组强调跳跃高度和距离，尽全力跳跃
	立定后跳	3次		78	
	立定跳远	1次	6	77	注意动作要领，尽最大努力

	练习名称	重复	组数	页码	要点提示
放松	弓步屈臂–肩水平伸展	30秒	1	217	强调使用腹式呼吸
	早安式弓步	30秒/侧		67	
	深蹲–低位–重心移动	30秒	2	217	强调目标肌肉有轻度或中度的牵拉感
	跪式起跑者弓步	30秒/侧		210	

八年级上学期训练阶段 10（第 19~20 周）

	练习名称	重复	组数	页码	要点提示
热身	摇篮抱膝	10米	2	192	无
	燕式平衡–腘绳肌拉伸	10米		70	
	毛毛虫爬行–纵向	10米		198	
	开合跳	30秒		37	

	练习名称	重复	组数	页码	要点提示
正式	筋膜球–足底	30秒/侧	2	66	强调目标肌肉有轻度或中度的牵拉感
	直腿–腓肠肌拉伸	30秒/侧		216	
	弓步拉伸–小腿	30秒/侧		69	
	弹力带–仰卧–腘绳肌拉伸	30秒/侧		68	
	臀大肌、梨状肌被动拉伸–舞者动作	30秒/侧		214	
	泡沫轴–下背部	30秒		205	

	练习名称	重复	组数	页码	要点提示
放松	坐姿90度/90度拉伸	30秒/侧	2	213	强调目标肌肉有轻度或中度的牵拉感
	侧卧–股四头肌和髋屈肌拉伸	30秒/侧		211	

八年级下学期训练阶段1（第1~2周）

	练习名称	重复	组数	页码	要点提示
热身	相扑式深蹲–腘绳肌拉伸	10次		69	
	股四头肌行进拉伸–手臂上伸	10米	2	192	无
	垫步跳–侧向	10米		195	

	练习名称	重复	组数	页码	要点提示
正式	标准跳绳	20次		43	将学生均匀地分为两组，进行接力比赛。设置两条标志线，中间均匀地摆放10个锥桶。在一条标志线处进行40次标准跳绳，然后进行锥桶–纵向障碍跳，跳过10个锥桶，到达另一条标志线，接着完成15次十字象限跳，之后跳回。每组学生都进行2组练习，看看谁更快
	锥桶–纵向障碍跳	20个锥桶		117	
	十字象限跳	15次	2	118	
	平板支撑–单手抛接沙包	6次/侧		26	
	跪姿–俯卧撑	5次		29	根据身高、体重、运动能力等，将学生两人分为一组，完成搭档练习
	双人弹力带直臂蹬腿	6次		28	

	练习名称	重复	组数	页码	要点提示
放松	弓步拉伸–小腿	30秒/侧		69	
	坐姿90度/90度拉伸	30秒/侧	1	213	强调目标肌肉有中度的牵拉感
	跪式起跑者弓步	30秒/侧		210	
	三角肌前束主动拉伸	30秒		207	

八年级下学期训练阶段 2（第 3~4 周）

	练习名称	重复	组数	页码	要点提示
热身	相扑式深蹲–腘绳肌拉伸	10次		69	无
	股四头肌行进拉伸–手臂上伸	10米	2	192	
	振臂跳	10米		196	

	练习名称	重复	组数	页码	要点提示
正式	深蹲	8次		21	无
	徒手蹲–双脚跳	6次		82	
	桌面爬行–旋转	5次	2	24	
	跪姿–俯卧撑	5次		29	
	侧卧–髋内收、外展	8次/侧		30	
	俯卧–模拟游泳姿（自由泳）	8次		104	

	练习名称	重复	组数	页码	要点提示
放松	三角肌前束主动拉伸	30秒		207	强调目标肌肉有中度的牵拉感
	体侧屈	30秒/侧		206	
	麻花拉伸	30秒/侧	1	209	
	跨栏拉伸	30秒/侧		67	
	跪式起跑者弓步	30秒/侧		210	

八年级下学期训练阶段3（第5~6周）

	练习名称	重复	组数	页码	要点提示
热身	向后分腿蹲–腘绳肌拉伸	5次		71	
	股四头肌行进拉伸–手臂上伸	10米	2	192	无
	屈髋外旋跳	10米		195	

	练习名称	重复	组数	页码	要点提示
正式	开合跳	30次		37	
	弹力带–双腿半蹲	8次		86	
	站姿–对侧–前后–手碰脚	20次	2	39	无
	仰卧–双肘碰膝	16次		94	
	仰卧–对侧肘碰膝	16次/侧		95	
	俯卧–划臂	10次		109	

	练习名称	重复	组数	页码	要点提示
放松	泡沫轴–小腿肌群	30秒/侧		203	
	弹力带–坐姿–腘绳肌拉伸	30秒		214	
	泡沫轴–股四头肌	30秒/侧	1	204	强调目标肌肉有中度的牵拉感
	泡沫轴–臀部肌群–单侧	30秒/侧		66	
	泡沫轴–上背部	30秒		202	
	俯卧–两侧转体看脚跟	30秒		205	

八年级下学期训练阶段 4（第 7~8 周）

	练习名称	重复	组数	页码	要点提示
热身	抱膝前进	10次	2	190	无
	股四头肌行进拉伸–手臂上伸	10米		192	
	最伟大拉伸	10米		193	

	练习名称	重复	组数	页码	要点提示
正式	标准跳绳	40次	2	43	无
	军步走–直腿	12次		51	
	站姿–对侧–前后–手碰脚	20次		39	
	仰卧–剪刀腿交叉	20次		95	
	仰卧–对侧肘碰膝	16次/侧		95	
	俯卧–模拟游泳姿（自由泳）	10次		104	

	练习名称	重复	组数	页码	要点提示
放松	泡沫轴–小腿肌群	30秒/侧	1	203	无
	泡沫轴–腘绳肌	30秒/侧		203	
	泡沫轴–臀部肌群–单侧	30秒/侧		66	
	腹部肌群、三角肌、髋屈肌主动拉伸–动态弓式	30秒		207	强调目标肌肉有中度的牵拉感
	泡沫轴–上背部	30秒		202	无

八年级下学期训练阶段 5（第 9~10 周）

	练习名称	重复	组数	页码	要点提示
热身	最伟大拉伸	10米		193	
	垫步跳–侧向	10米	2	195	无
	振臂跳	10米		196	

	练习名称	性别	重复	组数	页码	要点提示
正式	双脚左右跳		20次		36	
	弓步跳	男/女	6次		118	
	平板支撑–动态登山		20次		40	
	弹力带–站姿–T字激活	男	10次	2	111	无
	弹力带–站姿–胸前下拉		8次		107	
	弹力带–仰卧–卷腹	女	16次		92	
	仰卧–剪刀腿交叉		16次		95	
	俯卧–双手双膝支撑–肩胛骨后缩	男/女	10次		29	

	练习名称	重复	组数	页码	要点提示
放松	俯卧–两侧转体看脚跟	30秒		205	
	泡沫轴–臀部肌群	30秒	1	204	强调目标肌肉有中度的牵拉感
	泡沫轴–股四头肌	30秒/侧		204	
	跨栏拉伸	30秒/侧		67	

八年级下学期训练阶段 6（第 11~12 周）

	练习名称	重复	组数	页码	要点提示
热身	最伟大拉伸	10米		193	
	向后弓步转体	5次	2	194	无
	踝关节平行跳	10米		197	

	练习名称	性别	重复	组数	页码	要点提示
正式	低位开合跳	男/女	30次		38	
	站姿–对侧–前后–手碰脚		20次		39	
	弹力带–半蹲位–单腿静力		30秒/侧		121	
	弹力带–站姿–T字激活	男	10次	2	111	无
	弹力带–俯卧撑		6次		107	
	弹力带–仰卧–卷腹	女	16次		92	
	仰卧–对侧肘碰膝		16次/侧		95	
	跪姿伸髋	男/女	10次		123	

	练习名称	重复	组数	页码	要点提示
放松	俯卧–两侧转体看脚跟	30秒		205	
	泡沫轴–臀部肌群	30秒		204	
	泡沫轴–腘绳肌	30秒/侧	1	203	强调目标肌肉有中度的牵拉感
	下犬式	30秒		213	
	泡沫轴–股四头肌	30秒/侧		204	

八年级下学期训练阶段 7（第 13~14 周）

练习名称	重复	组数	页码	要点提示
向后弓步转体	5次		194	
股四头肌行进拉伸–手臂上伸	10米	2	192	无
屈髋外旋跳	10米		195	

热身

练习名称	性别	重复	组数	页码	要点提示
双脚左右跳		20次		36	
高抬腿跳绳		20次		43	
栏架–纵向–高抬腿	男/女	3次		57	
栏架–纵向–Z字–左右并步连续		3次	2	59	无
俯卧撑–脚踩药球	男	6次		24	
弹力带–站姿–双臂下拉		8次		108	
仰卧–双肘碰膝	女	16次		94	
仰卧–手摸对侧脚尖		10次		96	

正式

练习名称	重复	组数	页码	要点提示
弓步拉伸–小腿	30秒/侧		69	
麻花拉伸	30秒/侧		209	
跨栏拉伸	30秒/侧	1	67	强调目标肌肉有中度的牵拉感
侧卧–股四头肌和髋屈肌拉伸	30秒/侧		211	
腹部肌群、三角肌、髋屈肌主动拉伸–动态弓式	30秒		207	

放松

八年级下学期训练阶段8（第15~16周）

	练习名称	重复	组数	页码	要点提示
热身	向后弓步转体	5次		194	
	最伟大拉伸	10米	2	193	无
	垫步直腿跳	10米		196	

	练习名称	性别	重复	组数	页码	要点提示
正式	站姿–对侧–前后–手碰脚		20次		39	
	波比跳	男/女	12次		41	
	运动姿快速转髋		30秒		200	
	立定跳远		1次	2	77	无
	平板支撑–手、肘交替支撑	男	8次		110	
	弹力带–站姿–俯身双臂后拉		10次		109	
	对角线卷腹	女	16次		93	
	俯卧–抬起上身–双臂举起		16次		98	

	练习名称	重复	组数	页码	要点提示
放松	麻花拉伸	30秒/侧		209	
	腹部肌群、三角肌、髋屈肌主动拉伸–动态弓式	30秒		207	
	深蹲–低位–重心移动	8次	1	217	强调目标肌肉有中度的牵拉感
	跨栏拉伸	30秒/侧		67	
	侧卧–股四头肌和髋屈肌拉伸	30秒/侧		211	
	直腿–腓肠肌拉伸	30秒/侧		216	

八年级下学期训练阶段 9（第 17~18 周）

	练习名称	重复	组数	页码	要点提示
热身	最伟大拉伸	10米		193	
	高抬腿跳绳	20次	2	43	无
	站姿–对侧–前后–手碰脚	20次		39	

	练习名称	性别	重复	组数	页码	要点提示
正式	军步走–纵向		10次		51	无
	70米跑		1次		50	
	弹力带–站姿–半蹲侧向走	男/女	10米/侧		79	
	弹力带–站姿–肱二头肌弯举		10~12次	2	120	男生12次，女生10次
	弹力带–站姿–单臂后伸		10~12次/侧		121	
	弹力带–站姿–双臂下拉	男	12次		108	无
	仰卧–双肘碰膝	女	20次		94	

	练习名称	重复	组数	页码	要点提示
放松	泡沫轴–肱二头肌	30秒/侧		201	
	泡沫轴–肱三头肌	30秒/侧		201	
	泡沫轴–臀部肌群	30秒		204	
	泡沫轴–腘绳肌	30秒/侧	1	203	强调目标肌肉有中度的牵拉感
	弹力带–仰卧–腘绳肌拉伸	30秒/侧		68	
	臀大肌、梨状肌被动拉伸–舞者动作	45秒/侧		214	
	泡沫轴–股四头肌	30秒/侧		204	

八年级下学期训练阶段 10（第 19~20 周）

	练习名称	重复	组数	页码	要点提示
热身	向后弓步转体	5次		194	
	相扑式深蹲–腘绳肌拉伸	10次	2	69	无
	高抬腿跳绳	30次		43	

	练习名称	性别	重复	组数	页码	要点提示
正式	爆发力垫步跳		5米		200	
	纵向–单腿跳		5米/侧		78	无
	立定跳远	男/女	5米		77	
	平板支撑–对侧两点支撑		10~12次	2	123	男生12次，女生10次
	侧卧–髋内收、外展		10~12次/侧		30	
	弹力带–站姿–胸前下拉	男	12次		107	
	卷腹	女	12次		91	无

	练习名称	重复	组数	页码	要点提示
放松	早安式弓步	10次/侧		67	
	泡沫轴–臀部肌群	30秒		204	
	坐姿90度/90度拉伸	30秒/侧	1	213	强调目标肌肉有中度的牵拉感
	泡沫轴–腘绳肌	30秒/侧		203	
	弹力带–仰卧–腘绳肌拉伸	30秒/侧		68	
	泡沫轴–股四头肌	30秒/侧		204	

九年级上学期训练阶段1（第1~2周）

	练习名称	重复	组数	页码	要点提示
热身	动态胸部扩张	30秒	2	188	也可使用节拍口令，动态练习进行4个8拍，静态练习保持2个8拍
	手臂钟摆	30秒		189	无
	后交叉弓步	30秒		190	

	练习名称	重复	组数	页码	要点提示
正式	桌面爬行–旋转	20秒	2	24	无
	分腿蹲–动态	20秒		52	
	双人弹力带直臂蹬腿	20秒		28	
	平板支撑–双人传递	20秒/侧		27	

	练习名称	重复	组数	页码	要点提示
放松	菱形肌拉伸	30秒	1	206	强调目标肌肉有轻度或中度的牵拉感
	臀大肌、梨状肌被动拉伸–卧式4字形	30秒/侧		212	
	坐姿90度/90度拉伸	30秒/侧		213	
	跪式起跑者弓步	30秒/侧		210	

九年级上学期训练阶段 2（第 3~4 周）

	练习名称	重复	组数	页码	要点提示
热身	抱膝前进	10米		190	
	燕式平衡–腘绳肌拉伸	10米	2	70	无
	最伟大拉伸	10米		193	

	练习名称	重复	组数	页码	要点提示
正式	标准跳绳	15秒		43	
	锥桶–侧向障碍跳	20秒		79	
	分腿蹲–动态	20秒	2	52	无
	弹力带–站姿–单臂后伸	30秒/侧		121	
	侧桥–抬腿–静态	30秒/侧		97	
	仰卧–手摸对侧脚尖	30秒		96	

	练习名称	重复	组数	页码	要点提示
放松	屈膝–比目鱼肌拉伸	30秒/侧		216	
	弹力带–坐姿–腘绳肌拉伸	30秒	1	214	强调目标肌肉有轻度或中度的牵拉感
	跪式起跑者弓步	30秒/侧		210	
	坐姿转体拉伸	30秒/侧		209	

九年级上学期训练阶段 3（第 5~6 周）

	练习名称	重复	组数	页码	要点提示
热身	站姿–胸椎旋转	8次		189	
	向后分腿蹲–腘绳肌拉伸	8次	2	71	无
	侧弓步	8次		22	

	练习名称	性别	重复	组数	页码	要点提示
正式	平板支撑–手、肘交替支撑		8次		110	
	鳄鱼爬行–纵向	男	10米		108	
	直臂悬垂		30~40秒		111	
	仰卧–剪刀腿交叉		12次	2	95	
	仰卧–手摸同侧脚跟	女	12次		96	无
	仰卧–手摸对侧脚尖		10次		96	
	低位开合跳		15秒		38	
	高抬腿跳绳	男/女	30秒	1	43	
	跪姿–对侧–抬腿伸臂		30秒/侧		61	

	练习名称	性别	重复	组数	页码	要点提示
放松	弓步屈臂–肩水平外展		30秒		217	
	侧卧–股四头肌和髋屈肌拉伸	男/女	30秒/侧		211	
	内收肌拉伸–坐式向前俯身		30秒	1	211	强调目标肌肉有轻度或中度的牵拉感
	菱形肌拉伸	男	30秒		206	
	俯卧–两侧转体看脚跟	女	30秒		205	

九年级上学期训练阶段 4（第 7~8 周）

	练习名称	重复	组数	页码	要点提示
热身	平板爬行–纵向	10米	2	199	无
	螃蟹爬行–纵向	10米		199	
	垫步跳–纵向	10米		194	

	练习名称	性别	重复	组数	页码	要点提示
正式	弹力带–深蹲后拉	男/女	30秒	2	120	无
	平板支撑–动态登山		30秒		40	
	分腿蹲–旋转		30秒		119	
	跪姿–对侧–抬腿伸臂		30秒/侧		61	
	引体离心下降	男	12次		110	
	反握半程引体向上		6次		105	
	弹力带–仰卧–卷腹	女	12次		92	
	药球–仰卧起坐		10次		94	
	俯卧–模拟游泳姿（自由泳）		10次		104	

	练习名称	性别	重复	组数	页码	要点提示
放松	腹部肌群、三角肌、髋屈肌主动拉伸–动态弓式	男/女	30秒	1	207	强调目标肌肉有轻度或中度的牵拉感
	早安式弓步		10次/侧		67	
	低位跪式起跑者弓步转体拉伸		30秒/侧		210	
	屈膝–比目鱼肌拉伸		30秒/侧		216	
	泡沫轴–上背部	男	30秒		202	
	泡沫轴–下背部	女	30秒		205	

九年级上学期训练阶段 5（第 9~10 周）

	练习名称	重复	组数	页码	要点提示
热身	股四头肌行进拉伸–手臂上伸	10米		192	
	最伟大拉伸	10米	2	193	无
	毛毛虫爬行–纵向	10米		198	

	练习名称	性别	重复	组数	页码	要点提示
正式	弹力带–深蹲跳		20秒		86	
	低位开合跳		20秒		38	
	弓步跳	男/女	20秒		118	
	栏架–单脚跳–旋转–向内–双接触–90度		4次/侧		84	
	弹力带–深蹲后拉		10次	2	120	无
	弹力带辅助引体向上	男	12次		105	
	药球–仰卧起坐		16次		94	
	俯卧–模拟游泳姿（自由泳）	女	12次		104	

	练习名称	重复	组数	页码	要点提示
放松	俯卧–两侧转体看脚跟	30秒		205	
	下犬式	30秒		213	
	坐姿90度/90度拉伸	30秒/侧	1	213	强调目标肌肉有轻度或中度的牵拉感
	泡沫轴–下背部	30秒		205	
	泡沫轴–上背部	30秒		202	

九年级上学期训练阶段6（第11~12周）

	练习名称	重复	组数	页码	要点提示
热身	摇篮抱膝	10米		192	
	向后弓步转体	5次	2	194	无
	四肢爬行	10米		198	

	练习名称	性别	重复	组数	页码	要点提示
正式	弹力带辅助引体向上	男	6次		105	
	澳式引体向上		12次		103	
	俯卧撑波比跳		6次		42	
	弹力带–站姿–屈腿	男/女	12次/侧	2	60	无
	平板支撑–对侧两点支撑		6次		123	
	弹力带–抗阻起跳		6次		82	
	90秒仰卧起坐	女	90秒	1	91	
	俯卧–抬起上身–双臂举起		12次	2	98	

	练习名称	性别	重复	组数	页码	要点提示
放松	印度式俯卧撑		30秒		215	
	泡沫轴–臀部肌群		30秒		204	
	泡沫轴–腘绳肌	男/女	30秒/侧	1	203	强调目标肌肉有轻度或中度的牵拉感
	跨栏拉伸		30秒/侧		67	
	泡沫轴–小腿肌群		30秒/侧		203	
	泡沫轴–上背部	男	30秒		202	

九年级上学期训练阶段 7（第 13~14 周）

	练习名称	重复	组数	页码	要点提示
热身	下肢钟摆	30秒/侧		188	
	四肢爬行	10米	2	198	无
	平板爬行–纵向	10米		199	

	练习名称	重复	组数	页码	要点提示
训练	400米限时跑	1次	2	116	教师应根据学生的具体情况限定时长
	5分钟跑	1次	7趟	116	无

	练习名称	重复	组数	页码	要点提示
正式	腹式呼吸	1分钟		215	
	印度式俯卧撑	10次		215	
	泡沫轴–腘绳肌	30秒/侧	2	203	强调目标肌肉有轻度或中度的牵拉感
	跨栏拉伸	30秒/侧		67	
	泡沫轴–股四头肌	30秒/侧		204	

九年级上学期训练阶段 8（第 15~16 周）

	练习名称	重复	组数	页码	要点提示
热身	站姿-胸椎旋转	5次		189	无
	屈髋外旋跳	10米	2	195	
	运动姿快速转髋	30秒		200	学生根据教师的口令完成随机方向的运动姿快速转髋

	练习名称	重复	组数	页码	要点提示
正式	锥桶-侧向障碍跳	10~15秒		79	学生快速进行锥桶-侧向障碍跳，之后根据教师的口令立刻进行背身起跑，全力冲刺10米
	背身起跑	1次	3	50	
	70米跑	1次	1/2	50	无

	练习名称	重复	组数	页码	要点提示
放松	燕式平衡-腘绳肌拉伸	10米		70	强调目标肌肉有轻度或中度的牵拉感
	泡沫轴-小腿肌群	20秒/侧		203	
	泡沫轴-腘绳肌	20秒/侧		203	
	泡沫轴-臀中肌	20秒/侧	1	68	
	弹力带-仰卧-腘绳肌拉伸	30秒/侧		68	
	坐姿90度/90度拉伸	30秒/侧		213	
	侧卧-股四头肌和髋屈肌拉伸	30秒/侧		211	

九年级上学期训练阶段 9（第 17~18 周）

	练习名称	重复	组数	页码	要点提示
热身	向后分腿蹲–腘绳肌拉伸	10次		71	
	站姿–对侧–前后–手碰脚	20次	2	39	无
	爆发力垫步跳	10米		200	

	练习名称	重复	组数	页码	要点提示
正式	弹力带–抗阻起跳	8次	4	82	前两组不要求跳跃高度和距离，但要求掌握动作要领和发力点；后两组强调跳跃高度和距离，尽全力跳跃
	立定后跳	3次		78	
	立定跳远	1次	6	77	注意动作要领，尽最大努力

	练习名称	重复	组数	页码	要点提示
放松	下犬式	60秒		213	
	相扑式深蹲–腘绳肌拉伸	30秒	2	69	强调目标肌肉有轻度或中度的牵拉感
	直腿–腓肠肌拉伸	30秒/侧		216	
	侧卧–股四头肌和髋屈肌拉伸	30秒/侧		211	

九年级上学期训练阶段10（第19~20周）

	练习名称	重复	组数	页码	要点提示
热身	燕式平衡–腘绳肌拉伸	10米		70	
	四肢爬行	10米	2	198	无
	开合跳	30秒		37	
	向后分腿蹲–腘绳肌拉伸	5次		71	

	练习名称	重复	组数	页码	要点提示
正式	筋膜球–足底	30秒/侧		66	
	直腿–腓肠肌拉伸	30秒/侧		216	
	屈膝–比目鱼肌拉伸	30秒/侧		216	
	弹力带–仰卧–腘绳肌拉伸	30秒/侧	2	68	强调目标肌肉有轻度或中度的牵拉感
	臀大肌、梨状肌被动拉伸–卧式4字形	30秒/侧		212	
	泡沫轴–下背部	30秒		205	
	菱形肌拉伸	30秒		206	

	练习名称	重复	组数	页码	要点提示
放松	腹部肌群、三角肌、髋屈肌主动拉伸–动态弓式	30秒	2	207	强调目标肌肉有轻度或中度的牵拉感
	跪式起跑者弓步	30秒/侧		210	

九年级下学期训练阶段1（第1~2周）

	练习名称	重复	组数	页码	要点提示
热身	手臂钟摆	30秒	2	189	无
	下肢钟摆	30秒/侧		188	
	后交叉弓步	30秒		190	

	练习名称	重复	组数	页码	要点提示
正式	标准跳绳	15次	2	43	将学生均匀地分为两组，进行接力比赛。设置两条标志线，中间均匀摆放10个锥桶。在一条标志线处进行15次标准跳绳，然后进行锥桶–侧向障碍跳，跳过10个锥桶，到达另一条标志线，接着完成16次分腿蹲–旋转，之后跳回。每组学生都进行2组，看看谁更快
	锥桶–侧向障碍跳	20个锥桶		79	
	分腿蹲–旋转	16次		119	
	平板支撑–触肩	10次		61	无
	侧桥–抬腿–静态	30秒/侧		97	
	俯卧–模拟游泳姿（自由泳）	10次		104	

	练习名称	重复	组数	页码	要点提示
放松	直腿–腓肠肌拉伸	30秒/侧	1	216	强调目标肌肉有中度的牵拉感
	坐姿90度/90度拉伸	30秒/侧		213	
	低位跪式起跑者弓步转体拉伸	30秒/侧		210	
	体侧屈	30秒/侧		206	

九年级下学期训练阶段 2（第 3~4 周）

	练习名称	重复	组数	页码	要点提示
热身	手臂钟摆	30秒		189	
	后交叉弓步	30秒	2	190	无
	垫步跳–纵向	30秒		194	

	练习名称	重复	组数	页码	要点提示
正式	平板支撑–手、肘交替支撑	6次		110	根据身高、体重、运动能力等，将学生两人分成一组，完成搭档练习
	桌面爬行–旋转	30秒		24	
	双人弹力带直臂蹬腿	8次		28	
	平板支撑–双人传递	30秒/侧	2	27	
	运动姿快速转髋	5次		200	无
	深蹲	10次		21	

	练习名称	重复	组数	页码	要点提示
放松	三角肌前束主动拉伸	30秒		207	
	腹部肌群、三角肌、髋屈肌主动拉伸–动态弓式	30秒		207	
	低位跪式起跑者弓步转体拉伸	30秒/侧	1	210	强调目标肌肉有中度的牵拉感
	坐姿90度/90度拉伸	30秒/侧		213	
	直腿–腓肠肌拉伸	30秒/侧		216	

九年级下学期训练阶段 3（第 5~6 周）

	练习名称	重复	组数	页码	要点提示
热身	动态胸部扩张	30秒		188	
	手臂钟摆	30秒	2	189	无
	侧弓步	30秒		22	

	练习名称	重复	组数	页码	要点提示
正式	高抬腿跳绳	40次		43	
	弹力带–深蹲后拉	10次		120	
	分腿蹲–旋转	10次		119	
	跪姿–俯卧撑	8次	2	29	无
	弹力带–仰卧–卷腹	10次		92	
	侧桥–抬腿–静态	30秒/侧		97	

	练习名称	重复	组数	页码	要点提示
放松	泡沫轴–小腿肌群	30秒/侧		203	
	泡沫轴–腘绳肌	30秒/侧		203	
	泡沫轴–股四头肌	30秒/侧		204	强调目标肌肉有中度的牵拉感
	泡沫轴–臀中肌	30秒/侧	1	68	
	泡沫轴–下背部	30秒		205	
	俯卧–两侧转体看脚跟	30秒		205	

九年级下学期训练阶段 4（第 7~8 周）

热身	练习名称	重复	组数	页码	要点提示
	动态胸部扩张	30秒		188	
	手臂钟摆	30秒	2	189	无
	站姿–胸椎旋转	30秒		189	
	侧弓步	30秒		22	

正式	练习名称	重复	组数	页码	要点提示
	站姿–对侧–前后–手碰脚	20次		39	
	扎马步	30秒		119	无
	低位开合跳	30次	2	38	
	跪姿–俯卧撑	8~10次		29	男生10次，女生8次
	仰卧–手摸对侧脚尖	10次		96	无
	俯卧–上身抬起	10次		97	

放松	练习名称	重复	组数	页码	要点提示
	泡沫轴–小腿肌群	30秒/侧		203	
	泡沫轴–腘绳肌	30秒/侧		203	
	腹部肌群、三角肌、髋屈肌主动拉伸–动态弓式	30秒	1	207	无
	泡沫轴–臀中肌	30秒/侧		68	
	泡沫轴–下背部	30秒		205	
	俯卧–两侧转体看脚跟	30秒		205	

九年级下学期训练阶段 5（第 9~10 周）

	练习名称	重复	组数	页码	要点提示
热身	最伟大拉伸	10米		193	
	垫步跳–侧向	10米	2	195	无
	向后弓步转体	5次		194	

	练习名称	性别	重复	组数	页码	要点提示
正式	站姿–对侧–前后–手碰脚		20次		39	
	高抬腿跳绳	男/女	20次		43	
	弹力带–抗阻起跳		10次		82	
	平板支撑–手、肘交替支撑	男	6次	2	110	无
	弹力带–站姿–双臂下拉		8次		108	
	卷腹	女	15次		91	
	仰卧–手摸同侧脚跟		10次		96	
	俯卧–模拟游泳姿（自由泳）	男/女	10次		104	

	练习名称	重复	组数	页码	要点提示
放松	俯卧–两侧转体看脚跟	30秒		205	
	泡沫轴–下背部	30秒		205	
	泡沫轴–臀部肌群	30秒	1	204	强调目标肌肉有中度的牵拉感
	泡沫轴–腘绳肌	30秒/侧		203	
	泡沫轴–股四头肌	30秒/侧		204	

九年级下学期训练阶段 6（第 11~12 周）

	练习名称	重复	组数	页码	要点提示
热身	最伟大拉伸	10米		193	无
	向后弓步转体	5次	2	194	
	螃蟹爬行–纵向	10米		199	

	练习名称	性别	重复	组数	页码	要点提示
正式	低位开合跳		8次		38	无
	弹力带–站姿–半蹲侧向走	男/女	10米/侧		79	
	波比跳		6次		41	
	平板支撑–手、肘交替支撑	男	6次	2	110	
	弹力带–四足俯卧撑		6次		104	
	卷腹	女	15次		91	
	仰卧–手摸对侧脚尖		10次		96	
	俯卧–模拟游泳姿（自由泳）	男/女	10次		104	

	练习名称	重复	组数	页码	要点提示
放松	俯卧–两侧转体看脚跟	30秒		205	强调目标肌肉有中度的牵拉感
	泡沫轴–下背部	30秒		205	
	泡沫轴–臀部肌群	30秒	1	204	
	相扑式深蹲–腘绳肌拉伸	10次		69	
	泡沫轴–股四头肌	30秒/侧		204	

九年级下学期训练阶段 7（第 13~14 周）

	练习名称	重复	组数	页码	要点提示
热身	屈髋外旋跳	10米		195	
	垫步跳–侧向	10米	2	195	无
	最伟大拉伸	10米		193	

	练习名称	性别	重复	组数	页码	要点提示
正式	高抬腿跳绳		16次		43	将8个栏架平行摆放在一条直线上。让学生先完成16次的高抬腿跳绳，再进行1次侧向交换跳。稳定落地后，进行转体90度的交换跳跃，单脚落地稳定后，换双脚着地，进行2次Z字左右并步停顿。要求：要在保证身体稳定的前提下，尽可能使练习衔接得更紧密
	栏架–交换跳–侧向–无反向		1次		55	
	栏架–交换跳–旋转90度– 无反向		1次	2	56	
	栏架–纵向–Z字–左右并步停顿		2次		58	
	鳄鱼爬行–纵向	男	10米		108	无
	弹力带–站姿–双臂下拉		8次		108	
	仰卧–双肘碰膝	女	20次		94	
	仰卧–手摸对侧脚尖		15次		96	

	练习名称	重复	组数	页码	要点提示
放松	高弓步姿躯干侧屈伸展	30秒/侧		208	
	腹直肌拉伸–动态眼镜蛇式	30秒		208	强调目标肌肉有中度的牵拉感
	臀大肌、梨状肌被动拉伸–舞者动作	30秒/侧	1	214	
	侧卧–股四头肌和髋屈肌拉伸	30秒/侧		211	
	直腿–腓肠肌拉伸	30秒/侧		216	

九年级下学期训练阶段 8（第 15~16 周）

	练习名称	重复	组数	页码	要点提示
热身	站姿–胸椎旋转	10次		189	
	屈髋外旋跳	10米	2	195	无
	最伟大拉伸	10米		193	

	练习名称	性别	重复	组数	页码	要点提示
正式	站姿–对侧–前后–手碰脚	男/女	20次	2	39	准备1个跳箱、5个栏架。1个栏架与跳箱平行摆放，另外4个栏架分别在第1个栏架的左右，并与第1个栏架的方向垂直，左右各2个。这样做可以让学生将两个栏架练习连起来做；学生站在跳箱后先完成20次站姿–对侧–前后–手碰脚，之后立刻站在跳箱上，完成两个栏架练习之后，保持身体朝向不变，完成2次立定跳远
	栏架–双变单–纵向–双接触		1次		85	
	栏架–单脚跳–侧向–向外–有反向		2次		83	
	立定跳远		2次		77	
	平板支撑–手、肘交替支撑	男	6次		110	无
	弹力带–站姿–稳定下砍–自固定		10次/侧		106	
	对角线卷腹	女	10次		93	
	仰卧–手摸对侧脚尖		10次		96	

	练习名称	重复	组数	页码	要点提示
放松	高弓步姿躯干侧屈伸展	30秒/侧	1	208	强调目标肌肉有中度的牵拉感
	腹直肌拉伸–动态眼镜蛇式	30秒		208	
	泡沫轴–腘绳肌	30秒/侧		203	
	臀大肌、梨状肌被动拉伸–舞者动作	30秒/侧		214	
	泡沫轴–股四头肌	30秒/侧		204	
	直腿–腓肠肌拉伸	30秒/侧		216	

九年级下学期训练阶段 9（第 17~18 周）

	练习名称	重复	组数	页码	要点提示
热身	踝关节平行跳	10米		197	无
	螃蟹爬行–纵向	10米	2	199	
	标准跳绳	20次		43	

	练习名称	性别	重复	组数	页码	要点提示
正式	军步走–直腿		10米		51	无
	70米跑		1		50	
	跪姿–俯卧撑	男/女	10~12次		29	男生12次，女生10次
	旋转跳90度–呈稳定性支撑		10~12次	2	80	
	弹力带–站姿–双臂下拉	男	12次		108	
	药球–仰卧起坐	女	16次		94	无
	俯卧–模拟游泳姿（自由泳）		8次		104	

	练习名称	重复	组数	页码	要点提示
放松	泡沫轴–下背部	30秒		205	强调目标肌肉有中度的牵拉感
	泡沫轴–臀部肌群	30秒		204	
	泡沫轴–股四头肌	30秒/侧	1	204	
	泡沫轴–腘绳肌	30秒/侧		203	
	泡沫轴–小腿肌群	30秒/侧		203	

九年级下学期训练阶段 10（第 19~20 周）

	练习名称	重复	组数	页码	要点提示
热身	最伟大拉伸	10米		193	
	站姿–对侧–前后–手碰脚	20次	2	39	无
	俯卧撑波比跳	6次		42	

	练习名称	性别	重复	组数	页码	要点提示
正式	锯齿前跳		10米		116	
	爆发力垫步跳		10米		200	无
	旋转跳180度–呈稳定性支撑	男/女	6次		80	
	平板支撑–转体		10~12次	2	124	男生12次，女生10次
	分腿蹲–动态		10~12次		52	
	鳄鱼爬行–纵向	男	10米		108	无
	仰卧–手摸对侧脚尖	女	16次		96	

	练习名称	重复	组数	页码	要点提示
放松	腹部肌群、三角肌、髋屈肌主动拉伸–动态弓式	30秒		207	
	泡沫轴–臀部肌群	30秒		204	
	泡沫轴–股四头肌	30秒/侧	1	204	强调目标肌肉有中度的牵拉感
	泡沫轴–腘绳肌	30秒/侧		203	
	跨栏拉伸	30秒/侧		67	
	弓步拉伸–小腿	30秒/侧		69	

附录　热身与放松

◎ 热身推荐练习

● 动态胸部扩张

肘部向后移动时呼气，恢复时吸气。

训练目标　**柔韧性**
训练部位　**胸部**
所需器材　**无**
主要肌肉　**胸大肌**

要点提示

● 不要弓背或塌腰。

1 双脚开立，与肩同宽，腹部收紧，挺胸抬头，目视前方。

2 双臂屈肘，双手交叉置于头后。双肘向后移动，直至胸部肌肉有一定程度的牵拉感。回到起始姿势，重复规定的次数或时间。

● 下肢钟摆

全程保持均匀呼吸。

训练目标　**灵活性**
训练部位　**髋部**
所需器材　**无**
主要肌肉　**髂腰肌、臀大肌**

要点提示

● 核心收紧，不要塌腰。

1 双脚开立，与肩同宽，双手叉腰，背部挺直。

2 抬起一侧腿，膝关节伸直，该侧腿前后摆动。重复规定的次数或时间，换对侧重复。

● 手臂钟摆

全程保持均匀呼吸。

训练目标　**灵活性**
训练部位　**肩部**
所需器材　**无**
主要肌肉　**肩部肌群**

身体呈直立姿势，双脚分开，与肩同宽，双臂自然垂于体侧。双臂保持伸直，像钟摆一样前后摆动至规定的次数。注意，双臂向前摆动的幅度可逐渐增大，最终摆至双臂向上伸直；摆动过程中，躯干尽可能保持不动。

要点提示

● 手臂在做钟摆运动时，躯干始终朝向前方。

● 站姿–胸椎旋转

全程保持均匀呼吸。

训练目标　**柔韧性、灵活性**
训练部位　**胸部**
所需器材　**无**
主要肌肉　**胸大肌、背阔肌**

要点提示

● 核心收紧，髋部及下肢保持稳定。

1 双脚开立，与肩同宽，双膝微屈，屈髋使躯干前倾，背部挺直，双手交叉放在头后。

2 保持下肢与髋关节的稳定。以胸椎为轴，头部及躯干向一侧旋转至胸部和背部有一定程度的牵拉感。回到起始姿势，换对侧重复。完成规定的次数或时间。

● 抱膝前进

抱膝时呼气，腿放下时吸气。

训练目标　柔韧性、灵活性
训练部位　臀部、髋部、大腿
所需器材　瑜伽垫
主要肌肉　臀大肌、腘绳肌、髋关节屈肌

要点提示

● 收紧支撑腿一侧的臀大肌，保持背部挺直。

1 身体直立，双脚间距与肩同宽；一侧膝盖抬至胸前，双手抱膝向上提拉，该侧脚脚尖勾起；对侧脚的脚跟抬起，收紧支撑腿一侧的臀大肌；保持背部挺直，保持该姿势 1~2 秒。

2 抬起侧腿向前落下，换对侧腿重复上述动作。完成规定的次数或距离。

● 后交叉弓步

训练目标　柔韧性、灵活性
训练部位　大腿、髋部、臀部
所需器材　无
主要肌肉　阔筋膜张肌、臀大肌、臀中肌、髂胫束

随着拉伸幅度增大增加呼吸深度。

要点提示

● 保持躯干挺直，重心在前脚脚跟上，下蹲时前侧腿膝关节不要超过脚尖。

1 身体呈直立姿，身体挺直，双脚间距与肩同宽，腹部收紧，胸部挺直，双臂前平举。

2 一侧腿后撤一步，置于另一侧腿后方约45度的位置，双腿呈交叉站立姿势，屈髋屈膝，深蹲至感受到前侧腿腿外侧肌肉有一定程度的牵拉感，保持该姿势1~2秒。回到起始姿势，换对侧重复。完成规定的次数或时间。

● 站姿-对侧肘碰膝-垫步跳

训练目标　**灵活性**
训练部位　**全身**
所需器材　**无**
主要肌肉　**全身**

要点提示

● 动作过程中，躯干挺直，腹部收紧。

1

身体呈直立姿，双腿伸直，双脚开立，双臂自然垂于身体两侧。

跳跃且肘、膝相碰时呼气，落地时吸气。

2

保持腹部收紧，双脚起跳，抬一侧腿，屈髋屈膝，同时用对侧手肘触碰抬起腿的膝部。抬起腿落地的同时用力蹬地，在前脚掌接触地面的瞬间快速做一个原地垫步跳，换另一侧腿抬起并用对侧手肘触碰该侧腿的膝部。完成规定的次数。

● 摇篮抱膝

训练目标 **柔韧性**
训练部位 **腿部、臀部**
所需器材 **无**
主要肌肉 **臀大肌、梨状肌、阔筋膜张肌**

全程保持均匀呼吸。

要点提示

● 核心收紧，背部平直。

1 双脚开立，与肩同宽，脚尖向前。

2 一侧腿向前迈一小步，对侧腿膝关节抬至胸部下方，抬起腿同侧的手抱在大腿上，另一侧手抬脚踝呈"摇篮"状，缓慢用力向上提拉，同时支撑腿的脚跟抬起，保持该姿势1~2秒，换对侧重复。完成规定的次数或距离。

● 股四头肌行进拉伸–手臂上伸

伸展时呼气，还原时吸气。

训练目标 **柔韧性**
训练部位 **大腿、肩部**
所需器材 **无**
主要肌肉 **股四头肌、肩部前侧肌群**

要点提示

● 保持髋关节伸展，拉伸时收紧臀大肌，不要过度伸展下背部。

1 身体呈直立姿，身体挺直，腹部收紧，抬头挺胸，目视前方。

2 一侧脚向前迈一小步，另一侧腿向后屈膝，同侧手抓住抬起脚的脚背或脚踝，将其拉向臀部，同时对侧手臂上举，同侧脚的脚跟抬起，保持该姿势1~2秒，换对侧重复。完成规定的次数或距离。

● 最伟大拉伸

训练目标 **柔韧性、灵活性**
训练部位 **全身**
所需器材 **无**
主要肌肉 **全身**

附录 热身与放松

要点提示

● 向前迈出的步子应大一些。

1 双脚并拢站立，背部挺直，腹部收紧，双臂自然垂于身体两侧。

全程保持均匀呼吸。

2 一只脚向前迈，至大腿与地面基本平行，呈弓步。

3 俯身，用前侧腿的对侧手支撑，另一侧手臂的肘关节抵在前侧脚的内侧。

4 手臂向上打开，眼睛看手掌指尖，双臂呈一条直线。

5 打开的手臂收回并支撑于同侧的脚外侧的地面上，同侧腿从屈膝状态伸直，以脚跟支撑。回到弓步姿势后，后侧腿蹬起，回到起始姿势。换对侧重复。完成规定的次数或距离。

● 向后弓步转体

全程保持均匀呼吸。

1 双脚开立，与肩同宽，一侧腿抬起向后跨步，同时前侧腿屈髋屈膝，下蹲至大腿与地面接近平行，呈弓步姿势。

2 后侧腿一侧的手置于对侧腹部，前侧腿一侧的手臂向身体后方伸展，同时躯干慢慢向同侧旋转至最大幅度。回到起始姿势，换对侧重复。完成规定的次数。

训练目标	**柔韧性、灵活性**
训练部位	**腹部、胸椎、髋部**
所需器材	**无**
主要肌肉	**臀大肌、腹内斜肌、腹外斜肌**

要点提示

● 膝关节不要超过脚尖，躯干直立。

● 垫步跳–纵向

跳跃时呼气，落地时吸气。

训练目标	**协调性、灵敏性**
训练部位	**全身**
所需器材	**无**
主要肌肉	**下肢肌群**

要点提示

● 跳起时，膝盖和脚尖一致向前。

● 腿下落时，髋部充分伸展。

1 身体呈直立姿，双腿伸直，双脚开立略小于肩宽，双臂自然垂于身体两侧。

2 躯干挺直，腹部收紧，抬一侧腿至大腿与地面接近平行，脚尖勾起，双臂自然摆动。抬起腿落地的同时用力蹬地，在前脚掌接触地面的瞬间，快速做一个原地垫步跳，同时重心前移，换另一侧腿抬起至大腿与地面接近平行。完成规定的时间或距离。

● 垫步跳–侧向

跳跃时呼气，落地时吸气。

训练目标　**协调性、灵敏性**
训练部位　**腿部**
所需器材　**无**
主要肌肉　**下肢肌群**

要点提示

● 跳起时，膝盖和脚尖一致向前。
● 腿下落时，髋部充分伸展。

1 身体呈直立姿，双脚开立，略小于肩宽，双臂自然垂于身体两侧。

2 保持躯干挺直，腹部收紧，抬一侧腿至大腿与地面接近平行，脚尖勾起，双臂自然摆动。支撑腿向脚外侧蹬地发力，抬起腿向外侧伸髋，在前脚掌接触地面的瞬间快速做一个垫步跳，同时重心向伸髋侧移动，换另一侧腿抬起至大腿与地面接近平行。完成规定的时间或距离。

● 屈髋外旋跳

训练目标　**灵活性、协调性、灵敏性**　　训练部位　**核心、髋部**
所需器材　**无**　　主要肌肉　**下肢肌群**

要点提示

● 保持背部挺直，核心收紧。

全程保持均匀呼吸。

1 身体呈直立姿，双脚分开，略窄于肩，双手叉腰。

2 双脚同时微微起跳，髋屈肌发力，快速抬起一侧腿至身体前方，大腿平行于地面，接着向外旋髋，落地后回到起始姿势，换对侧重复。完成规定的次数或距离。

● **垫步直腿跳**

训练目标 **协调性、灵敏性**　　　主要肌肉 **下肢肌群**
训练部位 **全身**
所需器材 **无**

全程保持均匀呼吸。

要点提示

● 跳跃过程中，膝盖和脚尖一致向前。
● 抬起腿落地的同时用力蹬地，在前脚掌接触地面的瞬间快速做一个原地垫步跳，同时换另一侧腿抬起并用对侧手触碰脚尖。

1

身体呈直立姿，双腿伸直，双脚开立，双臂自然垂于身体两侧。

2

保持腹部收紧，抬一侧腿，屈髋伸膝，同时用对侧手触碰抬起腿的脚尖。抬起腿落地的同时用力蹬地，在前脚掌接触地面的瞬间快速做一个原地垫步跳，换另一侧腿抬起并用对侧手触碰脚尖。双腿交替进行，完成规定的次数或距离。

● **振臂跳**

全程保持均匀呼吸。

训练目标 **协调性、灵敏性**
训练部位 **全身**
所需器材 **无**
主要肌肉 **下肢肌群、肩部肌群**

要点提示

● 全程保持核心收紧。

1

双脚开立，小于肩宽，双手自然垂于身体两侧，面部朝前。

2

向上跳起，一侧手臂伸直举过头顶，对侧腿屈髋屈膝，将大腿抬至与地面平行。换对侧重复。完成规定的次数或距离。

● 踝关节八字跳

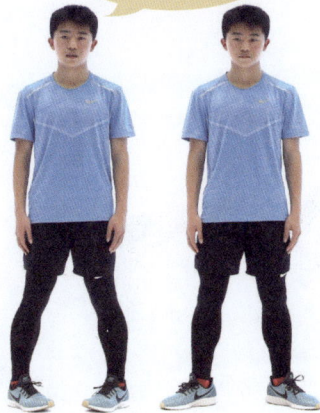

跳跃时呼气，落地时吸气。

训练目标 **灵活性、灵敏性**
训练部位 **髋部**
所需器材 **无**
主要肌肉 **髋部肌群、核心肌群**

要点提示

● 保持躯干挺直，腹部收紧，双脚呈
八字外展和内收向身体一侧跳动，
同时保持膝盖和脚尖方向一致。

1

身体呈直立姿，双脚开
立，与肩同宽，双臂自
然垂于身体两侧。

2

保持躯干挺直，腹部收紧，踝关节发力，双脚依次呈
八字内旋和外旋跳动。完成规定的距离。

● 踝关节平行跳

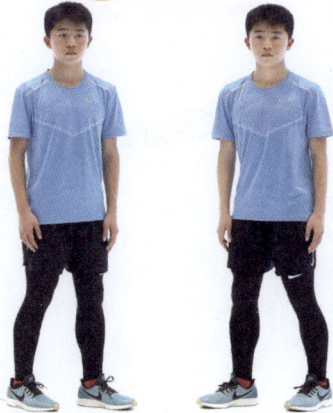

跳跃时呼气，落地时吸气。

训练目标 **灵活性、灵敏性**
训练部位 **髋部**
所需器材 **无**
主要肌肉 **髋部肌群、核心肌群**

要点提示

● 动作过程中，保持双脚距离不变，双
脚平行，脚尖朝向一侧跳动，接着保
持双脚平行，脚跟朝向同侧跳动。

1

身体呈直立姿，双脚开
立，与肩同宽，双臂自
然垂于身体两侧。

2

保持双脚距离不变，双脚平行，踝关节发力，脚
尖朝向一侧跳动，接着保持双脚平行，脚尖朝另
一侧跳动。完成规定的距离。

● **四肢爬行**　训练目标 **柔韧性、稳定性**　　　主要肌肉 **腘绳肌、腓肠肌**
　　　　　　　训练部位 **全身**
　　　　　　　所需器材 **无**

全程保持均匀呼吸。

1 身体呈直立姿，双脚分开，与肩同宽，腹部收紧，挺胸抬头，目视前方。

2 双手撑地，双腿尽量伸直。双手向身体前方爬行，双脚保持不动，直至爬到最远端，保持双腿伸直。

3 双脚向双手方向迈进，每次迈进一个脚掌的距离，左右交替行走，保持大腿伸直，直至回到起始姿势。手脚交替行进，重复规定的次数或距离。

要点提示

● 保持膝关节伸直，腹部收紧，肩与躯干发力，重点体会手脚交替行进的感觉。

● **毛毛虫爬行-纵向**

训练目标 **稳定性、柔韧性**　　　主要肌肉 **腹部肌群**
训练部位 **全身**
所需器材 **无**

全程保持均匀呼吸。

1 身体直立，双脚间距与肩同宽，腹部收紧，挺胸抬头，目视前方。

2 保持腹部收紧，屈髋俯身使双手着地，并保持双腿伸直，但不要锁死。保持双脚位置不变的同时，双手交替向前移动。当身体打开，头部、躯干、双腿呈一条直线时，挺胸抬头，使身体呈反弓形，并注意保持双腿不要着地。

要点提示

● 爬行过程中保持核心收紧、躯干稳定，身体不要左右晃动。

3 保持双手位置不变，使身体呈倒V字形，双脚交替向前靠近双手。回到起始姿势，重复规定的距离或时间。

螃蟹爬行-纵向

训练目标 稳定性、力量　**所需器材** 无

训练部位 全身　**主要肌肉** 核心肌群

全程保持均匀呼吸。

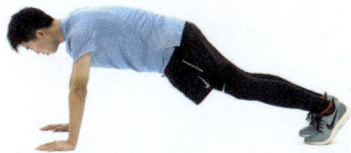

1 身体呈仰卧支撑姿势，屈髋屈膝，使双手和双脚脚跟触地支撑，并保持臀部离地。双臂伸直，但注意不要锁死，目视前方。

2 保持腹部收紧，抬一侧的手和对侧的脚同步向前或向后移动，接着抬另一侧的手和脚跟上。重复规定的距离。

要点提示

● 爬行时保持核心收紧，四肢协调移动。

平板爬行-纵向

训练目标 稳定性、力量　**所需器材** 无

训练部位 核心　**主要肌肉** 核心肌群

全程保持均匀呼吸。

1 身体呈四点支撑姿势，双臂伸直，双手触地支撑于肩部的下方。双腿伸直，双脚脚尖着地，尽量使头部、躯干和双腿在一条直线上。

2 保持背部挺直，腹部收紧，双腿伸直，双手交替向前移动，同时跖屈和背屈踝关节使对侧腿同步向前移动。也可以向后移动。完成规定的距离。

要点提示

● 爬行过程中保持躯干稳定，身体不能左右晃动。

● 运动姿快速转髋

全程保持均匀呼吸。

训练目标 **灵敏性、灵活性**
训练部位 **臀部、髋部、腿部**
所需器材 **无**
主要肌肉 **下肢肌群**

1 双脚开立，略宽于肩，微微屈髋屈膝，背部挺直，腹部收紧，双臂微屈置于身体两侧。

2 保持躯干向前，有节奏、有弹性地快速跳离地面，跳跃的同时向一侧转髋，向对侧摆臂，落地后迅速跳回到起始姿势。两侧交替进行，完成规定的次数或时间。

要点提示

- 核心收紧。
- 摆臂方向与髋关节转动方向相反。
- 发力集中于髋关节，而不是肩关节和躯干，始终保持胸部向前，尽可能保持上、下肢的协调。

● 爆发力垫步跳

要点提示

- 有节奏地向前跳跃。

训练目标 **爆发力、协调性、灵活性**
训练部位 **腿部**
所需器材 **无**
主要肌肉 **下肢肌群**

全程保持均匀呼吸。

1 身体呈标准站姿，腰背挺直，目视前方。

2 一侧大腿前侧肌肉发力，屈髋屈膝抬起，同时对侧手自然向前摆臂。抬起的腿向前迈步落地，抬起的手臂后摆，同时对侧下肢肌肉发力，跳起。两侧交替进行，完成规定的次数或距离。

◎ 放松推荐练习

● 泡沫轴–肱二头肌

1 屈髋屈膝，跪于垫上，呈俯身跪姿。一侧手臂屈肘撑垫，另一侧手臂伸直，大臂内侧置于泡沫轴上拇指朝下。

> 全程保持均匀呼吸。

要点提示
- 滚动泡沫轴时核心收紧，重点体会肱二头肌的按压感。

训练目标　**柔韧性、恢复再生、激活放松**
训练部位　**手臂**
所需器材　**泡沫轴、瑜伽垫**
主要肌肉　**肱二头肌**

2 移动身体，使泡沫轴在肘关节与肩关节之间来回滚动，滚动时在肌肉酸痛点上停留一定的时间。完成规定的次数或时间。换对侧重复。

● 泡沫轴–肱三头肌

训练目标　**柔韧性、恢复再生、激活放松**
训练部位　**手臂**
所需器材　**泡沫轴、瑜伽垫**
主要肌肉　**肱三头肌**

> 全程保持均匀呼吸。

1 身体呈侧卧姿，一侧手臂屈曲，同侧手支撑头部，泡沫轴置于同侧上臂下方；对侧手臂屈曲，置于体前，同侧手支撑于垫面。

要点提示
- 滚动泡沫轴时核心收紧，重点体会肱三头肌的按压感。

2 移动身体，使泡沫轴在腋窝与肘关节之间来回滚动，滚动时在肌肉酸痛点上停留一定的时间。完成规定的次数或时间。换对侧重复。

附录　热身与放松

201

● 泡沫轴–背阔肌

训练目标 柔韧性、恢复再生、激活放松　　**主要肌肉** 背阔肌、大圆肌

训练部位 背部

所需器材 泡沫轴、瑜伽垫

全程保持均匀呼吸。

要点提示

● 滚动泡沫轴时核心收紧，重点体会背阔肌的按压感。

1 屈膝坐于垫上，身体后倾，一侧手臂自然向后伸直，同侧手掌打开，掌心向前，泡沫轴置于同侧下背部下方，对侧手臂屈曲，支撑于体前。

2 身体移动，使泡沫轴在下背部的一侧与腋窝之间来回滚动，滚动时在肌肉酸痛点上停留一定的时间。完成规定的时间。换对侧重复。

● 泡沫轴–上背部

训练目标 柔韧性、恢复再生、激活放松

训练部位 上背部

所需器材 泡沫轴、瑜伽垫

主要肌肉 背阔肌、斜方肌、菱形肌、大圆肌

全程保持均匀呼吸。

1 身体呈仰卧姿，屈髋屈膝，将泡沫轴置于上背部的下方。

要点提示

● 滚动泡沫轴时核心收紧，重点体会肩胛骨周围肌群的按压感。

2 移动身体，使泡沫轴在肩部与中背部之间来回滚动，滚动时在肌肉酸痛点上停留一定的时间。完成规定的次数或时间。

泡沫轴-小腿肌群

全程保持均匀呼吸。

训练目标 **柔韧性、恢复再生**
训练部位 **小腿**
所需器材 **泡沫轴、瑜伽垫**
主要肌肉 **腓肠肌、比目鱼肌**

1 身体呈坐姿，双臂伸直撑于体后，双手指尖向后，双腿交叠，自然伸直，将泡沫轴置于小腿下方靠近踝关节的位置。

要点提示

● 滚动泡沫轴时核心收紧，用手臂推动身体整体移动。重点体会小腿肌群的按压感。

2 双手推垫以移动身体，使泡沫轴在小腿踝关节处与膝关节腘窝之间来回滚动，滚动时在肌肉酸痛点上停留一定的时间。完成规定的次数或时间。换对侧重复。

泡沫轴-腘绳肌

全程保持均匀呼吸。

训练目标 **柔韧性、恢复再生、激活放松**
训练部位 **大腿**
所需器材 **泡沫轴、瑜伽垫**
主要肌肉 **腘绳肌**

1 身体呈坐姿，双臂伸直撑于体后，双手指尖向后，一侧腿伸直，泡沫轴置于同侧大腿下方，另一侧腿屈曲置于伸直的腿上。

要点提示

● 滚动泡沫轴时核心收紧，重点体会腘绳肌的按压感。

2 双手推垫以移动身体，使泡沫轴在坐骨结节与腘窝之间来回滚动，滚动时在肌肉酸痛点上停留一定的时间。完成规定的次数或时间。换对侧重复。

● 泡沫轴–股四头肌

全程保持均匀呼吸。

附录 热身与放松

要点提示

● 滚动泡沫轴时核心收紧，重点体会股四头肌的按压感。

1 身体呈俯卧姿，双臂屈肘支撑，将身体抬离垫面，前臂贴于垫面。双腿交叠，自然伸直。泡沫轴置于大腿前侧下方。

训练目标 **柔韧性、恢复再生、激活放松**
训练部位 **大腿**
所需器材 **泡沫轴、瑜伽垫**
主要肌肉 **股四头肌**

2 双臂发力带动身体移动，使泡沫轴在骨盆与膝关节上方之间来回滚动，滚动时在肌肉酸痛点上停留一定的时间。完成规定的次数或时间。换对侧重复。

● 泡沫轴–臀部肌群

训练目标 **柔韧性、恢复再生、激活放松**
训练部位 **臀部**
所需器材 **泡沫轴、瑜伽垫**
主要肌肉 **臀大肌、臀中肌、臀小肌**

全程保持均匀呼吸。

1 身体呈坐姿，双臂伸直撑于体后，将身体抬离垫面，屈髋屈膝，泡沫轴置于臀部下方，双臂内旋，手指指向前方。

要点提示

● 滚动泡沫轴时核心收紧，重点体会臀部肌群的按压感。

2 移动身体，使泡沫轴在臀部来回滚动，滚动时在肌肉酸痛点上停留一定的时间。完成规定的次数或时间。

● **泡沫轴–下背部**

训练目标 **柔韧性、恢复再生**　　所需器材 **泡沫轴、瑜伽垫**

训练部位 **背部、腰部**　　主要肌肉 **背阔肌、竖脊肌**

1 身体呈仰卧姿，双腿屈膝，将泡沫轴放在中背部的下方，双臂交叉环抱于胸前，核心收紧。

全程保持均匀呼吸。

要点提示

● 滚动泡沫轴时核心收紧，重点体会下背部肌肉的按压感。

2 双腿屈伸蹬垫带动身体前后移动，髋关节抬离垫面，使泡沫轴在中背部与腰骶部之间来回滚动，滚动时在肌肉酸痛点上停留一定的时间。完成规定的次数或时间。

● **俯卧–两侧转体看脚跟**

双手从地板上推起身体时呼气，回到起始姿势时吸气。

训练目标 **柔韧性**

训练部位 **腹部**

所需器材 **瑜伽垫**

主要肌肉 **腹直肌、腹外斜肌、腹内斜肌**

1 身体呈俯卧姿，双臂伸直以支撑躯干，目视前方。

2 下肢不动，头部与躯干向左侧旋转，看向左后方的脚跟，直至腹部肌肉有一定程度的牵拉感。换对侧重复。完成规定的次数或时间。

要点提示

● 向左后方、右后方看脚跟，下肢保持不动，大腿紧贴垫面。

● 菱形肌拉伸

训练目标	**柔韧性**
训练部位	**背部**
所需器材	**瑜伽垫**
主要肌肉	**菱形肌**

全程保持均匀呼吸。

1 身体呈坐姿，双腿屈膝，双手交叉抱住大腿后侧，目视前方，躯干与小腿平行。

要点提示

● 拉伸过程中，下半身保持不动，双手适当用力。

2 双手与腿部不动，含胸低头，直至菱形肌有一定程度的牵拉感，保持该姿势至规定的时间。

● 体侧屈

侧屈时呼气，回正时吸气。

要点提示

● 骨盆不应发生扭转。

训练目标	**柔韧性**
训练部位	**腹部**
所需器材	**无**
主要肌肉	**腰方肌、背阔肌、腹外斜肌、腹内斜肌**

1 身体呈直立姿，双脚间距略比肩宽，腹部收紧，挺胸抬头，一侧手臂伸直举过头顶，对侧手臂自然垂于体侧，目视前方。

2 躯干向对侧屈，举起的手臂向对侧倾斜，掌心朝下，直至腹部肌肉有一定程度的牵拉感，保持该姿势至规定的时间。换对侧重复。

● 腹部肌群、三角肌、髋屈肌主动拉伸−动态弓式

均匀呼吸，并随着拉伸幅度增大增加呼吸深度。

训练目标　**柔韧性**
训练部位　**腹部、肩部、髋部**
所需器材　**瑜伽垫**
主要肌肉　**腹部肌群、三角肌、髋屈肌、股四头肌**

1 身体呈俯卧姿，双腿屈膝，双手抓住同侧脚的脚背或脚踝，目视垫面。

2 头部后仰，躯干后倾，呈反弓形，同时双手向上拉脚背或脚踝，使双膝离垫，至目标肌肉有一定程度的牵拉感。完成规定的次数或时间。

要点提示

● 头部不要过度后仰。

● 三角肌前束主动拉伸

当双臂向身体后上方举起时，深呼吸。

在拉伸过程中，均匀地呼吸。

训练目标　**柔韧性**
训练部位　**肩部**
所需器材　**无**
主要肌肉　**三角肌前束**

要点提示

● 核心收紧，双臂向后伸直，匀速垂直向上抬起。

1 身体呈直立姿，双脚间距与肩同宽，腹部收紧，双手交叉置于臀部后方，挺胸抬头，目视前方。

2 躯干不动，双臂从身体后侧垂直向上抬起，直至三角肌前束有一定程度的牵拉感该姿势至规定的时间。

● 腹直肌拉伸–动态眼镜蛇式

推起身体时呼气，还原时吸气。

训练目标 柔韧性
训练部位 腹部
所需器材 瑜伽垫
主要肌肉 腹直肌

1 身体呈俯卧姿，胸部尽量贴近垫面，双臂屈肘，置于躯干两侧，双手与前臂触垫支撑，目视前方。

要点提示

● 拉伸过程中，下肢保持不动，髋部尽可能贴紧垫面。

2 下肢不动，双臂伸直，将胸部推离垫面，直至腹部肌群有一定程度的牵拉感。完成规定的次数或时间。

● 高弓步姿躯干侧屈伸展

训练目标 柔韧性
训练部位 躯干
所需器材 瑜伽垫
主要肌肉 腰方肌、腹内斜肌、腹外斜肌、背阔肌

全程保持均匀呼吸。

要点提示

● 躯干侧屈时要缓慢、持续。

1 双脚前后站立，脚尖向前，后侧腿的同侧手臂向上伸过头顶，对侧手叉腰。

2 举起的手臂向身体对侧倾斜，至躯干一侧肌肉有一定程度的牵拉感，保持该姿势至规定的时间。换对侧重复。

● 麻花拉伸

训练目标　**柔韧性、灵活性**
训练部位　**胸部、腹部、臀部、腿部**
所需器材　**瑜伽垫**
主要肌肉　**腹部肌群、下肢肌群**

1 身体呈仰卧姿，双腿上下交叉，在上的腿屈髋屈膝约90度。在下的腿伸直，双臂侧平举放于地面。

全程保持均匀呼吸。

要点提示

● 拉伸过程中，背部尽可能紧贴垫面。

2 一侧手抓住上侧腿的膝关节部位，另一侧手抓住下侧腿的踝关节，直至腹部肌群和下肢肌群有一定程度的牵拉感，保持该姿势至规定的时间。换对侧重复。

● 坐姿转体拉伸

保持均匀呼吸，并随着拉伸幅度增大增加呼吸深度。

训练目标　**灵活性、柔韧性**
训练部位　**背部、髋部**
所需器材　**瑜伽垫**
主要肌肉　**腰方肌、竖脊肌、臀中肌**

1 坐于垫上，躯干直立，双腿并拢伸直，双手放于身体两侧。

要点提示

● 动作过程中，躯干始终保持直立。

2 躯干保持直立，向一侧旋转，同时对侧腿屈髋屈膝，内收至伸直腿的另一侧，同侧手支撑于垫上，对侧手放于屈髋屈膝侧大腿的外侧，并施加一定的力，直至躯干有牵拉感，保持该姿势至规定的时间。换对侧重复。

● 低位跪式起跑者弓步转体拉伸

训练目标 **灵活性、柔韧性**

训练部位 **髋部、胸部**

所需器材 **瑜伽垫**

主要肌肉 **髂腰肌、胸大肌、内收肌**

1 身体呈分腿跪姿，一侧腿在前，屈膝，另一侧腿在后，膝盖触地，向前俯身，双手撑于前腿两侧的垫面。接着臀部抬高，后侧腿蹬直。

2 躯干旋转，后侧腿的同侧臂向上伸展，直至髋部及胸部肌肉有一定程度的牵拉感，保持该姿势至规定的时间。换对侧重复。

● 跪式起跑者弓步

要点提示

● 拉伸过程中，膝关节和脚尖方向一致。

保持均匀呼吸，并随着拉伸幅度增大增加呼吸深度。

训练目标 **灵活性、柔韧性**

训练部位 **髋部**

所需器材 **瑜伽垫**

主要肌肉 **髂腰肌**

1 身体呈分腿跪姿，一侧腿在前，屈膝约90度，另一侧腿在后，膝盖触垫。躯干挺直，双手置于前侧腿的大腿上，目视前方。

2 髋部向前移动，直至髋部肌肉有一定程度的牵拉感，保持该姿势至规定的时间，换对侧重复。

附录 热身与放松

● 侧卧-股四头肌和髋屈肌拉伸

训练目标　**柔韧性**
训练部位　**大腿**
所需器材　**瑜伽垫**
主要肌肉　**股四头肌、髋屈肌**

全程保持均匀呼吸。

1 身体呈侧卧姿，头枕于近地侧手臂上；远地侧腿屈髋屈膝，远地侧手臂伸直，该侧手握住该侧脚的脚踝，近地侧腿尽量伸直。

2 远地侧手将该侧脚向臀部拉，直至该腿的股四头肌和髋屈肌有一定程度的牵拉感，保持该姿势至规定的时间。换对侧重复。

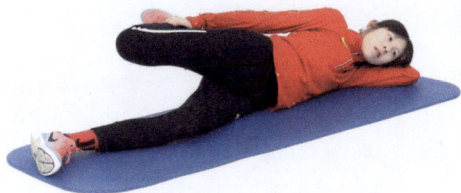

要点提示

● 保持背部挺直，拉伸时拉伸腿尽量抬起。

附录　热身与放松

● 内收肌拉伸-坐式向前俯身

训练目标　**柔韧性**
训练部位　**大腿、髋部**
所需器材　**瑜伽垫**
主要肌肉　**竖脊肌、内收肌**

1 身体呈坐姿，双腿分开，尽量外展，双膝微屈。双臂置于双腿内侧，双手触地。目视前方。

含胸低头贴向地面时，深呼气，拉伸过程中保持均匀呼吸。

要点提示

● 保持躯干稳定。

2 腿部不动，双臂前伸，含胸低头贴向地面，直至躯干及大腿内侧有中等程度的牵拉感。保持该姿势至规定的时间。

● 树式伸展

> 全程保持均匀呼吸。

训练目标 柔韧性、稳定性、平衡性
训练部位 全身
所需器材 瑜伽垫
主要肌肉 下肢肌群、核心肌群

身体呈站立姿，核心收紧，腰背挺直，双脚并拢、双臂伸直，自然放于身体两侧，挺胸抬头，目视前方。双臂侧平举，一侧腿屈膝，脚掌贴近对侧腿的膝关节处，单腿站稳。双臂平行举过头顶，与身体呈一条直线，垂直于地面，保持该姿势至规定的时间。换对侧重复。

要点提示

- 单腿支撑时，保持躯干的稳定。
- 双臂平行举过头顶，与身体呈一条直线，垂直于地面。

● 臀大肌、梨状肌被动拉伸−卧式4字形

> 全程保持均匀呼吸。

训练目标 柔韧性
训练部位 臀部
所需器材 瑜伽垫
主要肌肉 臀大肌、梨状肌

1 身体呈仰卧姿，双腿屈曲，目标侧脚抬起，放于对侧腿的大腿上，双腿呈4字形。

2 双手握住非目标侧大腿下方并将其拉向胸部，至臀部肌肉有一定程度的牵拉感。保持该姿势至规定的时间。换对侧重复。

要点提示

- 保持头部紧贴垫面。

● 下犬式

全程保持均匀呼吸。

训练目标 柔韧性
训练部位 腿部、腹部、胸部
所需器材 瑜伽垫
主要肌肉 腓肠肌、比目鱼肌、腘绳肌、腹直肌、胸大肌

1 身体呈俯撑姿，脚跟抬起，双手和双脚脚尖撑地，双臂和双腿伸直。

2 手臂向后推，臀部抬起，双腿保持伸直。至目标肌肉有一定程度的牵拉感。保持该姿势至规定的时间。

要点提示

● 头部和背部呈一条直线。

● 坐姿90度/90度拉伸

全程保持均匀呼吸。

训练目标 柔韧性、灵活性
训练部位 大腿、臀部、髋部、腹部
所需器材 瑜伽垫
主要肌肉 臀大肌、髂胫束、阔筋膜张肌、髂腰肌、耻骨肌、大收肌、腹内斜肌、腹外斜肌

1 身体呈坐姿，双腿均屈髋屈膝约90度，平放于垫上，一侧腿在身体正前方，对侧腿在身体侧面。双臂伸直，双手置于前侧腿前方的地面上。

要点提示

● 肩部、颈部放松。

2 下肢与臀部不动，头部、躯干、双臂向前侧腿一方扭转至目标肌肉有一定程度的牵拉感。保持该姿势至规定的时间。换对侧重复。

● 臀大肌、梨状肌被动拉伸–舞者动作

训练目标　**柔韧性**
训练部位　**臀部**
所需器材　**瑜伽垫**
主要肌肉　**臀大肌、梨状肌**

要点提示

● 肩部、颈部放松。

全程保持均匀呼吸。

1 身体呈坐姿，一侧腿屈膝置于身体前侧，对侧腿伸直置于身体后侧，上身直立，双臂微屈，双手支撑于垫面。

2 双臂屈曲，上半身逐渐向垫面靠近，至主要肌肉有一定程度的牵拉感。保持该姿势至规定的时间。换对侧重复。

● 弹力带–坐姿–腘绳肌拉伸

训练目标　**柔韧性**
训练部位　**大腿**
所需器材　**瑜伽垫、弹力带**
主要肌肉　**腘绳肌**

1 坐在垫子上，双腿伸直并拢且紧贴垫面。将弹力带中段固定在双脚的前脚掌处，双臂伸直并用双手分别握住弹力带两端，保持弹力带有一定的张力。

全程保持均匀呼吸。

要点提示

● 动作过程中，保持双腿伸直且紧贴垫面，躯干挺直。

2 向前俯身，屈曲髋关节，同时双手拉紧弹力带，至腘绳肌有一定程度的牵拉感，保持该姿势至规定的时间。

● 印度式俯卧撑

训练目标 **力量**
训练部位 **手臂、胸部、核心**
所需器材 **瑜伽垫**
主要肌肉 **胸大肌、三角肌前束、肱三头肌、肩部肌群、股四头肌、核心肌群**

> 下沉时呼气，上推时吸气。

1 身体呈四点支撑的俯撑姿势（双手和双脚脚尖撑地）。双臂伸直，双手距离略比肩宽。

2 保持身体在一条直线上。头部抬起，髋部慢慢下沉，保持双臂伸直，身体呈反弓形。

要点提示

● 双手推垫至手臂与躯干呈一条直线。

3 双手推垫，使髋部慢慢上移至手臂与躯干在一条直线上，身体呈倒V字形。回到起始姿势，重复规定的次数或时间。

● 腹式呼吸

> 全程用鼻子缓慢地吸气，用嘴缓慢地呼气。

训练目标 **心肺功能**
训练部位 **腹部**
所需器材 **无**
训练部位 **呼吸肌**

1 自然站立，双手叉腰，抬头挺胸，目视前方。缓慢地吸气，使腹部像一个小气球一样鼓起。

2 缓慢地呼气，腹部自然内收。吸气后呼气为完成1次。重复规定的时间或次数。

● **直腿-腓肠肌拉伸**

全程保持均匀呼吸。

训练目标 **柔韧性**
训练部位 **小腿**
所需器材 **瑜伽垫**
主要肌肉 **腓肠肌**

要点提示

● 支撑腿始终伸直，背部平直。

1 身体呈俯撑姿。双臂伸直，双手撑垫。一侧腿伸直，脚尖撑垫，另一侧腿微屈，置于对侧腿的小腿上。

2 保持手、脚位置不变，臀部缓缓向上拱起，使躯干与支撑腿的夹角约为90度，前脚掌撑地，使腓肠肌有一定程度的牵拉感，保持该姿势至规定的时间。换对侧重复。

● **屈膝-比目鱼肌拉伸**

训练目标 **柔韧性**
训练部位 **小腿**
所需器材 **瑜伽垫**
主要肌肉 **比目鱼肌**

1 身体呈俯撑姿，双臂伸直，双手撑垫；一侧腿伸直，同侧脚的脚跟微微踮起，另一侧腿微屈，脚置于对侧腿的小腿上；臀部拱起，使躯干与支撑腿的夹角约为90度。

全程保持均匀呼吸。

要点提示

● 保持背部挺直，支撑腿在拉伸过程中保持一定程度的屈曲。

2 始终保持双手与支撑腿的前脚掌触垫，支撑腿缓慢屈膝，直至小腿肌肉有一定程度的牵拉感，保持该姿势至规定的时间。换对侧重复。

附录
热身与放松

● 弓步屈臂-肩水平外展

训练目标	**柔韧性**	所需器材	**无**
训练部位	**胸部**	主要肌肉	**胸大肌**

全程保持均匀呼吸。

要点提示

● 保持肩部、颈部放松。

1 双脚前后站立，前侧腿屈膝，后侧腿伸直。挺胸直背，双臂前平举，肘关节屈曲90度，前臂向上，双臂并拢。

2 保持肘关节角度不变，双臂水平打开至肩关节两侧。回到起始姿势，重复规定的次数或时间。

● 深蹲-低位-重心移动

训练目标	**力量、灵活性**	所需器材	**无**
训练部位	**大腿、臀部**	主要肌肉	**臀大肌、股四头肌、腘绳肌**

全程保持均匀呼吸。

要点提示

● 重点体会下蹲后重心向两侧偏移时，两侧腿部肌群等长收缩的感觉。

屈髋屈膝，下蹲，蹲至臀部低于膝关节，此时核心收紧，腰背挺直，双手自然放于双腿之间。身体重心先向一侧偏移，再向另一侧偏移。完成规定的时间或次数。

参考文献

[1]中华人民共和国教育部.教育部关于印发《国家学生体质健康标准（2014年修订）》的通知[EB/OL].(2014-07-07)[2021-02-20].

[2]张一民.切实提高学生体质健康水平——《国家学生体质健康标准(2014年修订)》解读[J].体育教学,2014,34(9):5-10.

[3]王瑞元,苏全生.运动生理学[M].北京:人民体育出版社,2011.

[4]BALYI I, WAY R, HIGGS C. Long-Term Athlete Development. Champaign: Human Kinetics, 2013.

[5]王雄.儿童身体训练动作手册:拉伸训练[M].北京:人民邮电出版社,2020.

[6]张瑞星,沈键.医学心理学[M].上海:同济大学出版社,2015.

[7]医学名词审定委员会,运动医学名词审定分委员会.运动医学名词[M].北京:科学出版社,2020.

[8]ROSENTHAL M, BAIN S H, HELMS P, et al. Lung function in white children aged 4 to 19 years: I—Spirometry[J]. Thorax, 1993, 48(9): 794-802.

[9]PERALTA G,FUERTES E,GRANELL R, et al. Childhood body composition trajectories and adolescent lung function: findings from the ALSPAC study[J]. American journal of respiratory and critical care medicine,2019(1):75-83.

[10]UBLOSAKKA-JONES C, TONGDEE P, PACHIRAT O, et al. Slow loaded breathing training improves blood pressure, lung capacity and arm exercise endurance for older people with treated and stable isolated systolic hypertension[J]. Experimental gerontology, 2018, 23(3): 48-53.

[11]郭梅英,阎克乐,尚志恩.放松训练和腹式呼吸对应激的影响[J].心理学报, 2003, 34(9):5-10.

[12]运动生物力学编写组.运动生物力学:第2版[M].北京:北京体育大学出版社,2020.

参考文献

主编简介

王雄

清华大学运动人体科学硕士，体育教育训练学博士，副研究员；国家体育总局训练局体能训练中心创建人、负责人；国家体育总局备战 2012 年伦敦奥运会身体功能训练团队召集人，备战 2016 年里约奥运会身体功能训练团队体能训练组组长；为游泳、排球、乒乓球、羽毛球、体操、跳水、举重和帆板等十余支国家队提供过体能测评和训练指导服务；中国体育科学学会体能训练分会常委，北京体育科学学会体能分会副主任委员，北京体能训练协会常务理事；清华 – 长三角研究院特聘研究员；《身体功能训练动作手册》和"儿童身体训练动作指导丛书"主编；译有《精准拉伸：疼痛消除和损伤预防的针对性练习》《体育运动中的功能性训练（第 2 版）》《自由风格训练：4 个基本动作优化运动和生活表现》《美国国家体能协会力量训练指南（第 2 版）》等书，在《体育科学》、*Journal of Sports Sciences* 等中外期刊发表文章十余篇；研究方向包括身体训练（专业体能和大众健身）、健康促进工程和青少年体育等。